Sprungbrett Soziales

Arbeitsheft

mit Prüfungstraining

Autorinnen und Autoren:
Caroline Grybeck
Christoph Keller
Claudia Krause-Jahn
Anja Kullmann
Lars Menzel
Sandra Nickel
Corinna Rott-König

unter Mitarbeit der Verlags

Cornelsen

Projektleitung: Carina vom Hagen
Außenredaktion: Stefan Schiefer, Berlin
Umschlaggestaltung: Rosendahl Grafikdesign, Berlin
Titelfotos: F1online; F1online; Fotolia/ericb; GlowImages/Derek Henthorn
Layoutkonzept: Michael Heimann, Heimann und Schwantes, Berlin
Technische Umsetzung: vitaledesign, Berlin

Zur Erstellung dieses Werkes wurden Inhalte übernommen und überarbeitet aus:
Erzieherinnen + Erzieher Prüfungswissen (978-3-06-451095-1); Autor: Andreas Ziegner
Kinderpflege Prüfungstrainer und Arbeitsheft (978-3-06-451112-5); Autorin: Caroline Grybeck

www.cornelsen.de
www.cornelsen.de/cbb

1. Auflage, 1. Druck 2018

Alle Drucke dieser Auflage können im Unterricht nebeneinander verwendet werden.

Druck: Media Print Informationstechnologie GmbH, Paderborn

ISBN 978-3-06-455002-5

PEFC/04-31-0810

PEFC zertifiziert
Dieses Produkt stammt aus nachhaltig bewirtschafteten Wäldern und kontrollierten Quellen.

www.pefc.de

Vorwort

Liebe Lernenden,

dieses kompakte Arbeitsheft mit Prüfungstraining möchte Sie bei der Wiederholung und Aufbereitung des wichtigsten Lernstoffs der Ausbildung in der Sozialassistenz unterstützen.

Sie finden Sie zu allen wichtigen Themenfeldern der Kapitel vielfältige Aufgaben zur Wiederholung des theoretischen Wissens, Lernsituationen mit Handlungsaufträgen sowie Tipps zum Lernen für die Prüfung. Weil jeder Mensch anders lernt, bietet das Buch sowohl offene als auch geschlossene Fragen sowie Rätsel und Multiple-Choice-Fragen. Diese können Sie im Selbststudium alleine oder aber in Ihrer Lerngruppe bearbeiten und anschließend diskutieren.

Alle Lösungen der Aufgaben finden Sie im Internet unter **www.cornelsen.de/cbb/sprungbrettsoziales-arbeitsheft**. Beachten Sie bitte, dass es sich bei den Lösungen häufig um Lösungsvorschläge handelt, die auch anders formuliert sein können.

Zusätzlich zum Aufgabenteil befindet sich auch ein Teil mit exemplarischen fallorientierten Prüfungsfragen in diesem Buch. Diese sollen Ihnen einen ersten Einblick in einen möglichen Aufbau solch einer Prüfung geben.

Die Fragen sind von Bundesland zu Bundesland sowie von Schule zu Schule so unterschiedlich, dass hier nur eine kleine Auswahl beispielhaft dargestellt werden kann. Sie dienen aber dazu, Ihnen als Lernende zu vermitteln, wie solche Prüfungsfragen aussehen und was sie beinhalten können.
Die Prüfungskomplexe sind jeweils an einer Fallsituation ausgerichtet und aufgegliedert in folgende Teile:

1. Allgemeine Tipps für die Prüfung
2. Mögliche Prüfungsaufgaben zur vorgegebenen Fallsituation
3. Lösungsvorschläge

Außerdem haben Sie die Möglichkeit Ihre Notizen zur Bearbeitung der Prüfung einzutragen. Wir hoffen, wir können Ihnen mit diesen Prüfungskomplexen eine erste Orientierung geben, wie man kniffelige Prüfungsfragen beantworten kann und worauf man ganz besonders achtgeben sollte.

Zum Nachschlagen des Lehrplanstoffes und zur Wiederholung des Gelernten empfehlen wir Ihnen das Schülerbuch: Sprungbrett Soziales Sozialassistenz (ISBN 978-3-06-455000-1).

Wir wünschen Ihnen viel Freude beim Arbeiten und Lernen mit diesem Buch, außerdem eine erfolgreiche Prüfung!

Das Autorenteam
Die Verlagsredaktion

Autorenvorstellung

1

2

3

4

5

6

7

1 Caroline Grybeck
Lehrerin am Elisabeth-Lüders-Berufskolleg in Hamm mit der beruflichen Fachrichtung Sozialpädagogik und Deutsch, Moderatorin für die Umsetzung des länderübergreifenden Lehrplans für Fachschulen für Sozialpädagogik in NRW

2 Christoph Keller
Medizinpädagoge, Medizinisch-technischer Radiologieassistent, Lehrkraft und Bereichsleitung an der Notfallsanitäterschule der Gesundheitsakademie Klinikum Ernst von Bergmann Potsdam gGmbH, bis 2017 stellvertretende Schulleitung und Lehrkraft der Sozialassistentenausbildung Berufsfachschule für Sozialassistenz IB-GIS mbH in Berlin

3 Claudia Krause-Jahn
Diplom-Pflegelehrerin (univ.), staatlich examinierte Krankenschwester, Praxisanleiterin, Studienrätin BBS II Leer, Weiterbildung Sonderpädagogik: Pädagogik und Beeinträchtigungen im Lernen und in der emotionalen und sozialen Entwicklung unter besonderer Berücksichtigung inklusiver Settings.

4 Anja Kullmann
Diplom-Pädagogin, Systemische Einzel-, Paar- und Familientherapeutin (DGSF) und Gruppenleiterin für Gruppendynamik (DGGO). Schulleiterin der Berufsfachschule für Sozialassistenz der IB-GIS mbH, Medizinische Akademie.
Lehrkraft im Lernfeld 1 und 5 und für die Praktika im sozialpädagogischen Bereich.

5 Lars Menzel
Schulleiter der Berufsfachschule für Sozialwesen und der Fachschule für Sozialwesen am Bildungsinstitut Mitteldeutschland der Johanniter-Akademie in Leipzig

6 Sandra Nickel
M. Ed., Fachbereichsleitung der Berufsfachschule für Sozialwesen am Bildungsinstitut Mitteldeutschland der Johanniter-Akademie in Leipzig, Lehrerin für das Höhere Lehramt an berufsbildenden Schulen (Gesundheit & Pflege, Sozialpädagogik), Dozentin für u.a. Sozialassistenten und Erzieher, Fachausbildungsleitung für das Höhere Lehramt an berufsbildenden Schulen

7 Corina Rott-König
Kunstpädagogin, Lehrerin an den Sozialen Fachschulen des Evangelischen Johannesstifts Berlin im Bereich Heilerziehungspflege und Sozialassistenz

Inhalt

A
Wissensvertiefende Aufgaben 7

1 Berufliche Identität entwickeln 8
2 Soziale Beziehungen aufbauen und mitgestalten 20
3 Einen Haushalt führen 44
4 Gesundheit fördern und Menschen in pflegerischen Situationen begleiten 52

B
Handlungsorientierte Aufgaben 91

1 Rollenkonflikte 92
2 Inklusion, Ressourcenorientierung und Gender 96
3 Kommunikation und Sprache 100
4 Erziehungsstile 103
5 Lerntheorien 107
6 Interkulturelle Kompetenz 111
7 Bildungs- und Beschäftigungsangebote für Menschen mit Behinderung 115
8 Bewegungssystem und Mobilisation 119
9 Körperpflege und eigene Gesunderhaltung . 123
10 Atmungssystem 127
11 Erste Hilfe 131
12 Sterben, Tod und Trauer 135

C
Lernen lernen 139

1 Was ist Lernen? 140
1.1 Der Begriff „Lernen“ 140
1.2 Physiologische Grundlagen des Lernens 140
1.3 Lernvoraussetzungen 141

2 Informationen strukturieren 144
2.1 Informationen sammeln 144
2.2 Informationen verarbeiten und gliedern 146

3 Lernen organisieren 148
3.1 Lerntypen und Lernkanäle 148
3.2 Lern- und Arbeitstechniken 148
3.3 Lernen optimal organisieren 152

4 Lernen in der Gruppe 155
4.1 Vorteile gemeinsamen Lernens 155
4.2 Kooperatives Lernen 155
4.3 Voraussetzungen für gemeinsames Lernen . 155
4.4 Arbeitsprozess in der Gruppe 156

D
Prüfungsaufgaben 157

1 Entwicklung und Erziehung bei Kindern 158
2 Wahrnehmung und Beobachtung bei Kindern 162
3 Kommunikation 166
4 Kultursensible Pflege 170

Stichwortverzeichnis 174
Bildquellenverzeichnis 176

A
Wissensvertiefende Aufgaben

1 Berufliche Identität entwickeln

1.1 Es gibt viele Gründe, sich für die Ausbildung in einem sozialen Assistenzberuf zu entscheiden. Nennen Sie mindestens drei und erläutern Sie diese jeweils kurz.

-
-
-
-

1.2 Erklären Sie, was unter dem Begriff „soziale Rolle“ zu verstehen ist.

1.3 Welche sozialen Rollen füllen Sie selbst aus? Nennen Sie mindestens vier.

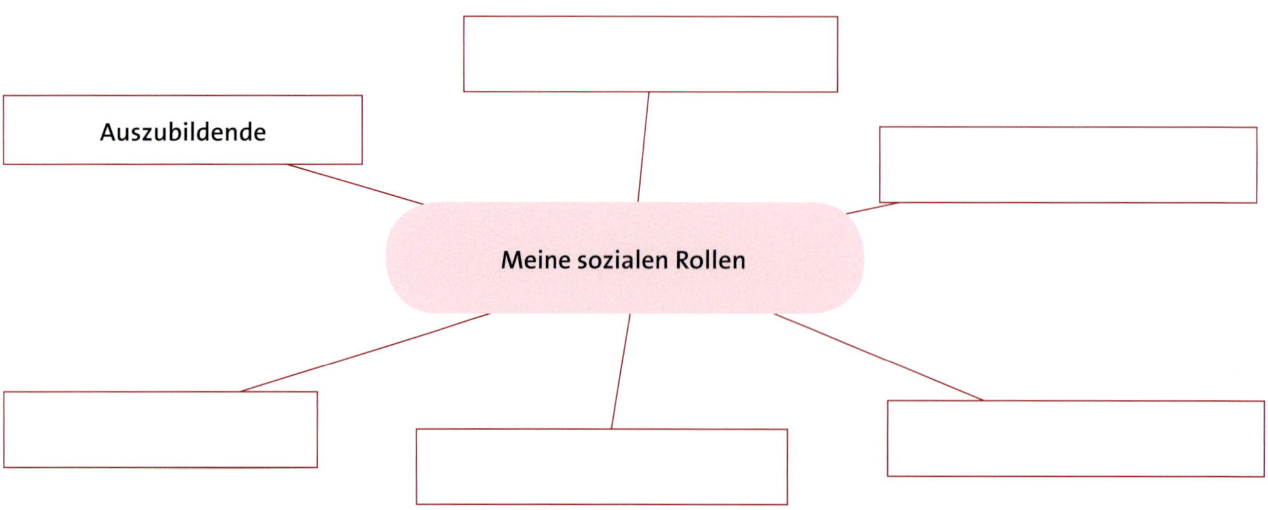

1.4 Man kann zwei Formen von Rollenkonflikten unterscheiden. Nennen Sie beide und erläutern Sie jeweils kurz.

Rollenkonflikt	Erläuterung

1.5 Vorhandene Kenntnisse, Fähigkeiten und Fertigkeiten werden auch als Kompetenz bezeichnet. Verbinden Sie den jeweils beschriebenen Kompetenzbereich mit dem passenden Begriff.

Die Fähigkeit, Aufgaben und Probleme zielorientiert, sachgerecht, methodengeleitet und selbstständig zu lösen und das Ergebnis zu beurteilen, nennt man ...	... Humankompetenz.
Die Fähigkeit, sich kulturelle Vielfalt (in der Gesellschaft) bewusst zu machen und dieser offen und positiv gegenüberzutreten, nennt man ...	... Sozialkompetenz.
Die Fähigkeit, eine individuelle Persönlichkeit und durchdachte Wertvorstellungen zu entwickeln, nennt man ...	... interkulturelle Kompetenz.
Die Fähigkeit, Beziehungen zu anderen Menschen zu gestalten und dabei soziale Verantwortung sowie Solidarität zu entwickeln, nennt man ...	... Fachkompetenz.

1.6 Für welche drei großen Zielgruppen können Sie nach der Ausbildung zum Sozialassistenten tätig werden? Nennen Sie je Zielgruppe auch mindestens zwei spezifische Betätigungsfelder bzw. Einrichtungen.

Soziale Arbeit mit ...	Einrichtung

1.7 Nennen Sie drei Beispiele für rechtliche Vorschriften bzw. Regelungen in der sozialen Arbeit.

-
-
-

1.8 Streichen Sie jene Begriffe, die i. d. R. nicht in einem Arbeitsvertrag geregelt sind.

Vergütung

Weihnachtsfeiertermin

Urlaubsanspruch

Kündigungsfrist

Arbeitszeit

Arbeitsinhalt

Pausenverpflegung

Anzahl der Krankheitstage

1.9 Vervollständigen Sie die Sätze zum Datenschutz und zur Schweigepflicht.

- Ziel des Datenschutzes ist es, nur so viele ______________ Daten wie unbedingt erforderlich zu sammeln und zu bearbeiten. Die davon Betroffenen sollen zudem die Möglichkeit haben, diese Daten zu ______________ und notfalls zu verhindern.
- Die Wahrung des ______________ einer betreuten Person heißt, dass keine personenbezogenen bzw. personenbeziehbaren Informationen ohne ______________ des Betroffenen an ______________ weitergegeben werden dürfen.
- Für bestimmte Berufsgruppen (z. B. ______________, ______________) gilt die ______________. Mitgliedern dieser Berufsgruppen ist es verboten, ______________ zu offenbaren, die ihnen während der Ausübung ihres Berufes anvertraut wurden.
- Wer die Schweigepflicht ______________, macht ______________.

1.10 Eltern delegieren die Aufsichtspflicht für ihre Kinder für die Betreuungszeit an das Personal der Einrichtung. Erklären Sie in diesem Zusammenhang die Begriffe mit jeweils einem Beispiel.

- Belehrungspflicht:
- Informationspflicht:
- Pflicht zur Aufsichtsführung

1.11 Entwirren Sie den Buchstabensalat und füllen Sie die Lücken im Text zum Thema „Lernen und Gedächtnis".

Lernen ist ein lebenslanger s r o P z e s ________________. Es gibt sogar Belege für ein Lernen bereits vor der t b u r e G ________________. Was der Einzelne lernt, hängt von vielen Faktoren ab, wie z. B. Emotionen, M v i n i t o a t o ________________ und den gegebenen Lernbedingungen.

Die Verarbeitung von (Lern-)Informationen passiert im h r n G i e ________________. Das Gehirn speichert gelernte Inhalte ab, das Ergebnis dessen nennt man e G c t ä h n i s d ________________. Es kann zwischen einem i i e z p l t e n x ________________ Gedächtnis (speichert Sachwissen) und einem z i i m p l n i t e ________________ Gedächtnis (speichert u. a. unbewusstes Verhaltens- und Handlungswissen) unterschieden werden. Das einmal gespeicherte Wissen wird unbewusst fortlaufend im Gehirn sortiert und verknüpft und kann durch bewusstes a g T r i i n n ________________ (z. B. Üben, Wiederholen) gefestigt und ausgebaut werden. Das Organ Gehirn ist in i w e z ________________ Großhirnhälften geteilt, die durch einen nervenfaserstarken B e n l a k ________________ miteinander verbunden sind. Die linke Hirnhälfte ist eher für das e e b g r i l i c h f f ________________ Denken, die rechte Hirnhälfte für das bildhaft-schöpferische Denken zuständig. Die Verknüpfung und Vermischung beider Hirnhälften ist bei jedem Menschen r e h c h c u n t s e i d l i ________________ ausgeprägt. Somit entwickelt auch jeder Mensch seinen eigenen l i s t L n e r ________________.

1.12 Sie sollen für den Unterricht ein Referat vorbereiten. Wo können Sie die dafür notwendigen Informationen und Fakten finden? Nennen Sie mindestens vier Möglichkeiten.

____

____

____

____

____

____

1.13 Nicht wenige Medienexperten behaupten, 90 % der Inhalte im Internet seien „Datenmüll“. Nennen Sie wenigstens fünf Kriterien, die Ihnen dabei behilflich sein können, einen im Internet gefundenen Text auf Qualität und Verlässlichkeit zu prüfen.

1.14 Die Fünf-Schritt-Lese-und-Erarbeitungstechnik kann dabei helfen, einen Fachtext zu erfassen und die nützlichen Informationen herauszufiltern. Nennen und erläutern Sie kurz die fünf Schritte.

1

2

3

4

5

1.15 Es kann sich beim Lernen durchaus herausstellen, dass einem die Stoffaneignung auf die eine oder andere Weise besser gelingt. Welcher „Lernsinneskanal“ bzw. Lerntyp ist in der Illustration jeweils abgebildet?

1.16 Geben Sie für jede Ursache von Konzentrationsschwierigkeiten eine denkbare Abhilfe an.

Ursache	Denkbare Abhilfe
Reizüberflutung	
überfordernde Situation	
körperliches Unbehagen	
psychisches Unbehagen	
unterfordernde Situation	

1.17 Welche Lerntechniken bzw. Lernmethoden kennen Sie? Tragen Sie Ihre Einfälle in die Wolke ein.

1.18 Lernen in der Gruppe hat gegenüber Einzelarbeit viele Vorteile – nennen Sie mindestens drei.

-
-
-
-

1.19 Ergänzen Sie in der Tabelle jeweils drei Formen und drei Methoden des sozialen Lernens.

Lernformen	Lernmethoden

1.20 Nummerieren Sie die einzelnen Schritte zur Vorbereitung einer Präsentation in der richtigen Reihenfolge.

	Gliederung konkretisieren und aktualisieren
	Präsentation üben
	Visualisierung konkret planen und vorbereiten
	Informationen auswählen (Prioritäten, Themenbezug)
	Ziele setzen, grobe Gliederung entwerfen
	Handzettel (Thesenpapier/Hand-out) für die Präsentation ausarbeiten
	ausgewählte Texte bearbeiten
	Literatur beschaffen

1.21 Welche Aussagen zur Vortragstechnik und den unterstützenden Einsatz von Medien erscheinen Ihnen fragwürdig bzw. falsch? Korrigieren Sie die vermeintlich falschen Aussagen.

a Vermeiden Sie während des Vortrages direkten Blickkontakt mit den Zuhörern. Dies könnte irritieren und die Konzentration stören.

richtig ☐ falsch ☐

b Stehen Sie nicht zu steif oder zu lässig, am besten mit beiden Beinen auf dem Boden.

richtig ☐ falsch ☐

c Achten Sie auf eine möglichst neutrale Mimik, verzichten Sie auf zwischenzeitliches Lächeln oder andere nonverbale Reaktionen.

richtig ☐ falsch ☐

d Wählen Sie einen interessanten und schlüssigen Einstieg bzw. Abschluss ihres Vortrages, z. B. in Form einer Anekdote, einer Frage oder ggf. auch eines Appells.

richtig ☐ falsch ☐

e Gestalten Sie Ihre Vortragsfolien farblich zurückhaltend, mit ausreichendem Zeilenabstand, einer angenehmen, aber nicht zu kleinen Schriftgröße und nicht zu überladen. Benennen Sie Quellen von verwendeten Zitaten und Bildern.

richtig ☐ falsch ☐

f Konzentrieren Sie sich während des Vortrages gut auf Ihre Folien. Lesen Sie sicherheitshalber alles vor. Verwenden Sie aufgrund der gesundheitsschädlichen Wirkung möglichst keine Laserpointer.

richtig ☐ falsch ☐

1.22 Erklären Sie kurz, was unter dem Begriff „professionelle Grundhaltung" zu verstehen ist.

1.23 Der professionellen Grundhaltung in sozialen und pflegerischen Berufen liegen bestimmte Prinzipien zu Grunde. Füllen Sie die Tabelle aus, indem Sie die beschriebenen Grundprinzipien nennen und die genannten Prinzipien beschreiben.

	Gendersensibilität		Inklusion
▪ Betonung von Fähigkeiten und Möglichkeiten, über die alle Menschen verfügen (z. B. positive Charaktereigenschaften, Angehörige und Freunde) ▪ im beruflichen Umgang Ermittlung der Ressourcen und Orientierung daran ▪ kein Entmündigen, kein pauschales Helfen und alles Abnehmen		▪ Gegenteil zu Fremdbestimmung ▪ Förderung von Unabhängigkeit und freier Entscheidungsfindung beim Betreuten ▪ immer mit Blick auf die jeweilige Situation und Mitbeteiligte ▪ Betreute sollen ihren eigenen Willen und Weg finden im fairen und bewussten Miteinander	

1.24 Erklären Sie den Begriff „Vorurteil" und geben Sie vier persönliche oder gesellschaftliche Beispiele.

1.25 Welches pädagogische Konzept ist in der jeweiligen Illustration dargestellt: Exklusion, Integration, Inklusion? Ordnen Sie zu und erklären Sie kurz jeden Begriff.

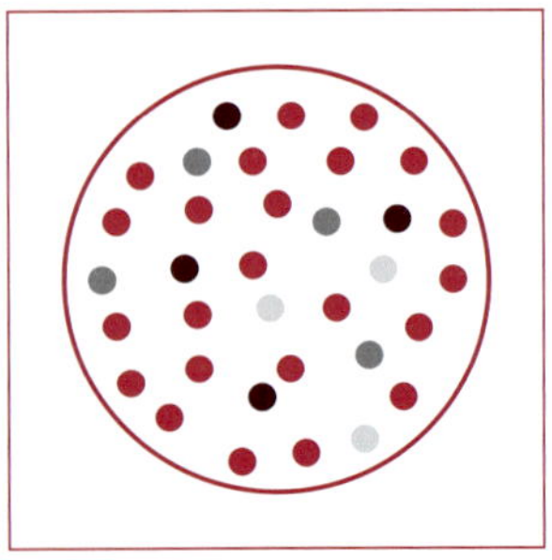

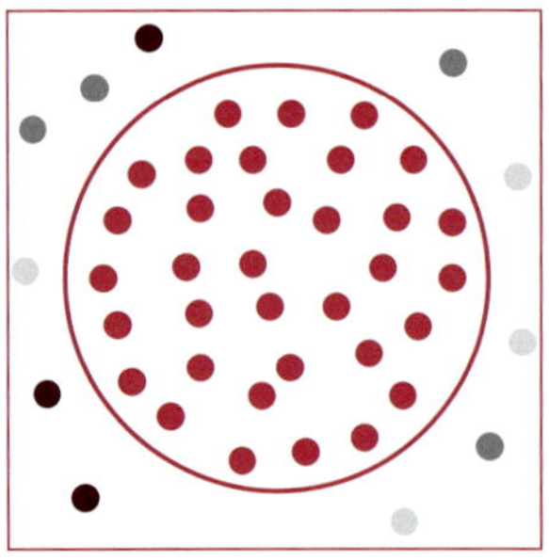

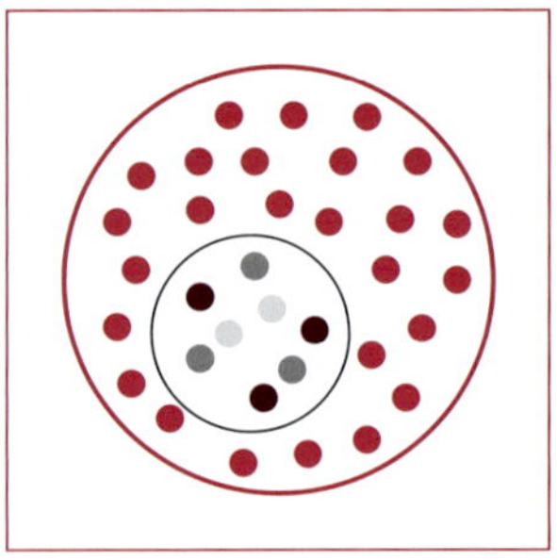

1.26 Nennen Sie drei Werte und drei Normen im menschlichen Zusammenleben.

Werte	Normen

1.27 Nennen Sie drei Beispiele für ethische Fragestellungen bzw. Konflikte, mit denen Sie als Sozialassistentin im beruflichen Alltag konfrontiert werden könnten.

1.28 Erklären Sie kurz den Begriff „ethische Fallbesprechung“.

2 Soziale Beziehungen aufbauen und mitgestalten

2.1 Der Kommunikationswissenschaftler Paul Watzlawick prägte den Satz „Wir können nicht nicht kommunizieren“. Was hat er damit gemeint?

2.2 Nennen Sie mindestens vier konkrete Ausdrucksformen für jede Kommunikationsart.

Verbale Kommunikation	Nonverbale Kommunikation

2.3 Ergänzen Sie die vier fehlenden Begriffe in der Illustration zum Sender-Empfänger-Modell.

2.4 Nennen Sie drei bekannte Kommunikationsmodelle und erklären Sie eines davon in wenigen Sätzen und/oder anhand eines Beispiels.

2.5 Nennen Sie mindestens je fünf gesprächsfördernde bzw. gesprächshemmende Verhaltensweisen.

Gesprächsförderndes Verhalten	Gesprächshemmendes Verhalten

2.6 Sortieren Sie die durcheinandergeratenen Buchstaben und vervollständigen Sie den Lückentext zum Feedback.

Die ÜDRCKMUNGEL ______________________ auf ein bestimmtes Verhalten einer Person oder einer Gruppe bezeichnet man als EEFACKBD ________________. Feedback kann TSUUSNBEW ______________________ gegeben werden, z. B. durch eine nonverbale Reaktion oder RIELGETETCHIZ ____________________, z. B. durch eine verbale Äußerung. Für ein EEEGGLINNDS ______________________ Feedback gelten gewisse Kriterien, z. B., dass die Rückmeldung nicht EDTREWN __________________ oder interpretierend sein sollte. Zudem ist es wichtig, dass die Einschätzung zielgerichtet erfolgt und neue MITAINFORONEN ______________________ beinhaltet. Dem Empfänger der Rückmeldung wird u. a. empfohlen, sich das Feedback GRUIH ____________ anzuhören, ARFNAZUGECHN ______________________________, falls etwas nicht verstanden wird, und den positiven ERWT ____________________ in der Rückmeldung des Gegenübers zu erkennen. Abschließend stellt sich die Frage, ob das Feedback beim Empfänger zu einer Änderung seines TALHNSVERE ______________________________ führt oder nicht.

2.7 Streichen Sie Begriffe, die nicht mit dem Konzept „Gewaltfreie Kommunikation“ von Marshall B. Rosenberg vereinbar sind.

Belohnung

Wertschätzung

Forderung

Bedürfnisse

Respekt

Bewertung

Bitte

Empathie

Aggression

Verantwortung

Gefühle

2.8 Nennen Sie vier Regeln für den Umgang mit Beschwerden.

2.9 Beschreiben Sie für jede Illustration kurz, welche Möglichkeit der Konfliktlösung dargestellt ist.

2.10 Nennen Sie fünf Aspekte, die bei einer altersgerechten Kommunikation mit Kindern beachtet werden sollten.

____

____

____

____

____

2.11 Vervollständigen Sie die Sätze zur Kommunikation mit Menschen mit einer Demenz.

- Nehmen Sie eine ______________ Grundhaltung ein.
- Haben Sie ______________, geben Sie dem Gesprächspartner Zeit, sich zu äußern.
- Halten Sie ______________ oder gehen Sie auf Augenhöhe.
- Sprechen Sie in ______________ Sätzen mit einer deutlichen (Aus-)Sprache.
- ______________ Sie bei Bedarf wichtige Informationen.
- Beharren Sie nicht auf der eigenen ______________.
- Verwenden Sie keine ______________ und sprechen Sie nicht in der ______________, z. B. „Jetzt gehen wir aber so langsam ins Bettchen“.

2.12 Nennen Sie Hilfsmittel für eine gelingende Kommunikation bei der Verständigung mit Menschen aus anderen Kulturen und fehlendem deutschen Sprachverständnis.

____

____

____

____

2.13 Finden Sie Beispiele für die einzelnen Umweltfaktoren, die die Entwicklung eines Menschen beeinflussen.

Natürliche Faktoren	Ökonomische Faktoren	Soziale Faktoren	Kulturelle Faktoren
▪ ▪ ▪	▪ ▪ ▪	▪ ▪ ▪	▪ ▪ ▪

2.14 Welche Körperteile werden grobmotorisch, welche feinmotorisch gesteuert?

grobmotorisch gesteuert: ______________________________

feinmotorisch gesteuert: ______________________________

2.15 Im Buchstabengitter sind sechs (frühkindliche) Reflexe versteckt. Finden Sie diese. Suchen Sie waagerecht, senkrecht, vorwärts und rückwärts.

X	E	L	F	E	R	G	U	A	S	H	I	S	A	N	E	K
V	X	N	O	R	E	R	E	L	C	A	Q	U	N	I	B	M
W	Z	E	S	C	H	M	E	R	Z	R	E	F	L	E	X	N
H	A	U	I	C	H	O	P	D	F	F	R	X	O	S	Ü	Ä
U	O	Z	N	I	P	T	O	R	L	E	P	T	I	R	Q	D
S	U	C	H	R	E	F	L	E	X	T	I	F	N	E	V	H
T	M	E	D	G	H	C	N	E	R	U	N	G	E	F	B	I
E	U	R	E	U	T	H	T	A	B	N	U	T	I	L	W	N
N	N	E	A	N	E	R	K	K	L	T	L	T	H	E	O	A
R	M	E	D	G	H	C	N	L	E	P	T	I	N	X	V	A
E	S	S	X	E	L	F	E	R	F	I	E	R	G	U	N	N
F	W	S	E	O	H	E	E	T	P	L	I	F	J	S	A	S
L	Q	E	R	Z	T	R	I	E	T	L	H	Ö	R	I	B	R
E	U	R	H	T	E	T	L	S	E	N	E	T	K	C	U	N
X	E	G	E	B	O	L	K	O	W	D	R	T	U	D	Q	M

2.16 Nennen Sie drei typische körperliche Veränderungen, die im Alter auftreten.

2.17 Sortieren Sie die vier Hauptstadien des Stufenmodells von Piaget nach der Reihenfolge ihres Auftretens in der kognitiven Entwicklung von Kindern. Verwenden Sie die Ziffer 1 für die früheste und 4 für die späteste Entwicklungsstufe.

	präoperationale Stufe
	formal-operationale Stufe
	konkret-operationale Stufe
	sensumotorische Stufe

2.18 Ordnen Sie die folgenden Begriffe den Entwicklungsstufen nach Piaget zu. Verwenden Sie hierfür die in der vorherigen Aufgabe den Stufen zugeordneten Ziffern.

abstraktes Denken		realistische, logische Betrachtungen	
Zentrierung		Instinktorientierung	
Objektpermanenz		Egozentrismus	

2.19 Tragen Sie auf dem Zeitstrahl ein, wann die jeweilige Sprachentwicklungsstufe stattfindet.

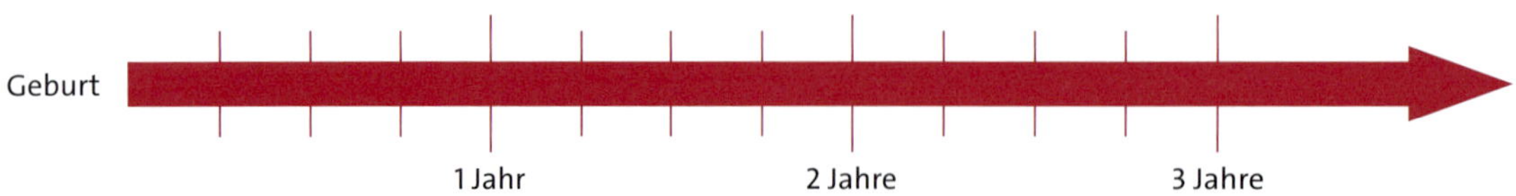

1 Schreiperiode
2 Brabbeln, Lallen
3 Einwortsätze
4 Zwei- und Mehrwortsätze
5 Aufbau einfacher Satzgefüge

2.20 Nennen Sie zwei Beispiele einer Sprachstörung und beschreiben Sie diese kurz.

Sprachstörung	Erklärung

2.21 Sortieren Sie die durcheinandergeratenen Buchstaben und vervollständigen Sie den Lückentext zur Entwicklung sozialer Beziehungen.

Die soziale Entwicklung eines Menschen beginnt mit der engen und gefühlvollen Beziehung zu Mutter, Vater oder auch einer anderen Bezugsperson und wird NDUGNIB ______________________ genannt. Die Qualität der Bindung prägt sich i. d. R. im STRENE ____________________ Lebensjahr aus. Ein Kind wird mit demjenigen Menschen eine enge Bindung eingehen, der kontinuierlich und angemessen auf seine ALIGNSE ________________________________ antwortet. Das Forscherpaar Bowlby und Ainsworth unterscheidet vier YNDUGNIBSNEPT ______________________________________: den sicheren, den unsicher-vermeidenden, den unsicher-ambivalenten sowie den RRDEANGISIRSTENOE ______________________________________ Bindungstyp. Kinder müssen in ihrer Entwicklung bestimmte ELOSAZI _________________________ Fähigkeiten lernen, um mit anderen Menschen friedlich zusammenleben zu können. Dazu gehören KOBELLTLNTROSSE _______________________, Kontaktfähigkeit sowie Frustrationstoleranz. Entwickeln sich diese Fähigkeiten nicht, sind ÖETSRUGNN ____________________________________ im Sozialverhalten erwartbar. Diese Störungen können sich in übertriebener Hilfsbereitschaft, Überangepasstsein, HLINGSTCKEITÄ ____ bis hin zu Aggression, Verwahrlosung oder ANVESUHTECRHALT ____ äußern.

2.22 Skizzieren und beschriften Sie die Bedürfnispyramide nach Maslow.

2.23 Nennen Sie mindestens vier Familienmodelle in einer modernen und freien Gesellschaft.

2.24 Ergänzen Sie in der Grafik zu den Elternaufgaben die fehlenden Begriffe.

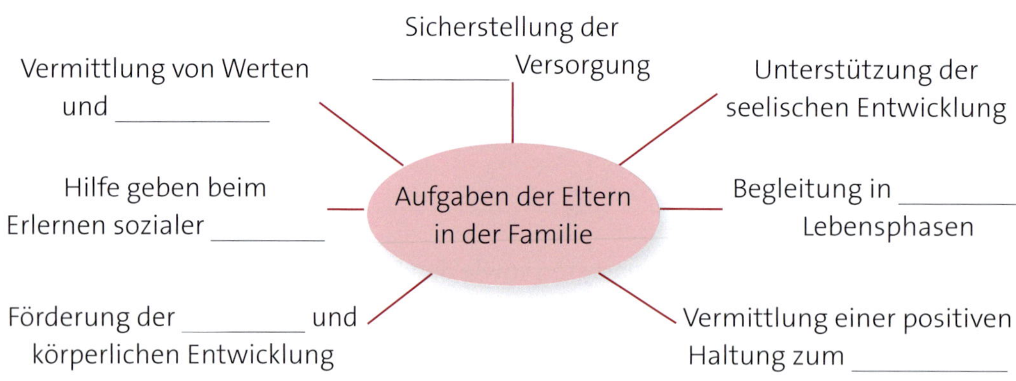

2.25 Was ist mit „kritischen Lebensphasen“, die auch Entwicklungsaufgaben genannt werden können, gemeint? Nennen Sie mindestens drei Beispiele (aus Ihrem Leben).

2.26 Ordnen Sie jedem Erziehungsziel die jeweils passende Erläuterung zu.

Personalisation	die Anpassung an die Gesellschaft
Enkulturation	die Entwicklung der Persönlichkeit
Sozialisation	das Hineinwachsen in eine Kultur

2.27 Formulieren Sie mindestens drei Aussagen (z. B. Ziel, Grundlagen, Merkmale) zu den genannten pädagogischen Erziehungsansätzen.

Waldkindergarten	
Waldorf-Pädagogik	
offene und teiloffene Arbeit	
Reggio-Pädagogik	

2.28 Lesen Sie die Dialoge und entscheiden Sie, ob es sich dabei um einen Laissez-faire- (1), autoritären (2) oder demokratischen (3) Erziehungsstil handelt.

1 Sozialassistent Franz möchte den kleinen Alexander in den Ruheraum zum Mittagsschlaf bringen.

Franz: „Räumst Du bitte noch die Bausteine zurück in die Kiste?"

Alexander: „Warum?"

Franz: „Räum' sie weg!"

Alexander: „Warum denn?"

Franz: „Mach' gefälligst, was ich dir sage!"

Alexander: „Ich will aber nicht."

Franz: „Räum' sie weg oder es kracht!"

2 Sozialpflegerin Selma möchte mit dem Morgenkreis beginnen, aber Rena unterhält sich noch sehr laut mit Alexander.

Selma: „Rena, bitte mit dem Quasseln aufhören, wir möchten mit dem Morgenkreis beginnen."

Rena: „Warum?"

Selma: „Weil es 9 Uhr ist und wir jeden Morgen um 9 mit dem Morgenkreis den neuen Tag begrüßen."

Rena: „Warum?"

Selma: „Weil es unser Ritual ist und wir gern zusammen sind."

Rena: „Ach so, gut, psssst!"

3 Sozialpfleger Tobias möchte mit der kleinen Chiara auf den Spielplatz gehen.

Tobias: „Zieh' deine Jacke an."

Chiara: „Warum?"

Tobias: „Weil's einfach so ist."

Chiara: „Warum denn?"

Tobias: „Ist mir egal. Mach's, wie du willst."

2.29 Welche zwei zusätzlichen Dimensionen, die zwischenmenschliches Handeln steuern und damit auch Erziehung beeinflussen, brachte das Forscherehepaar Tausch in das Modell der Erziehungsstile ein?

2.30 Welche vier wichtigen Lerntheorien gibt es? Nennen Sie auch den Begründer der jeweiligen Lerntheorie.

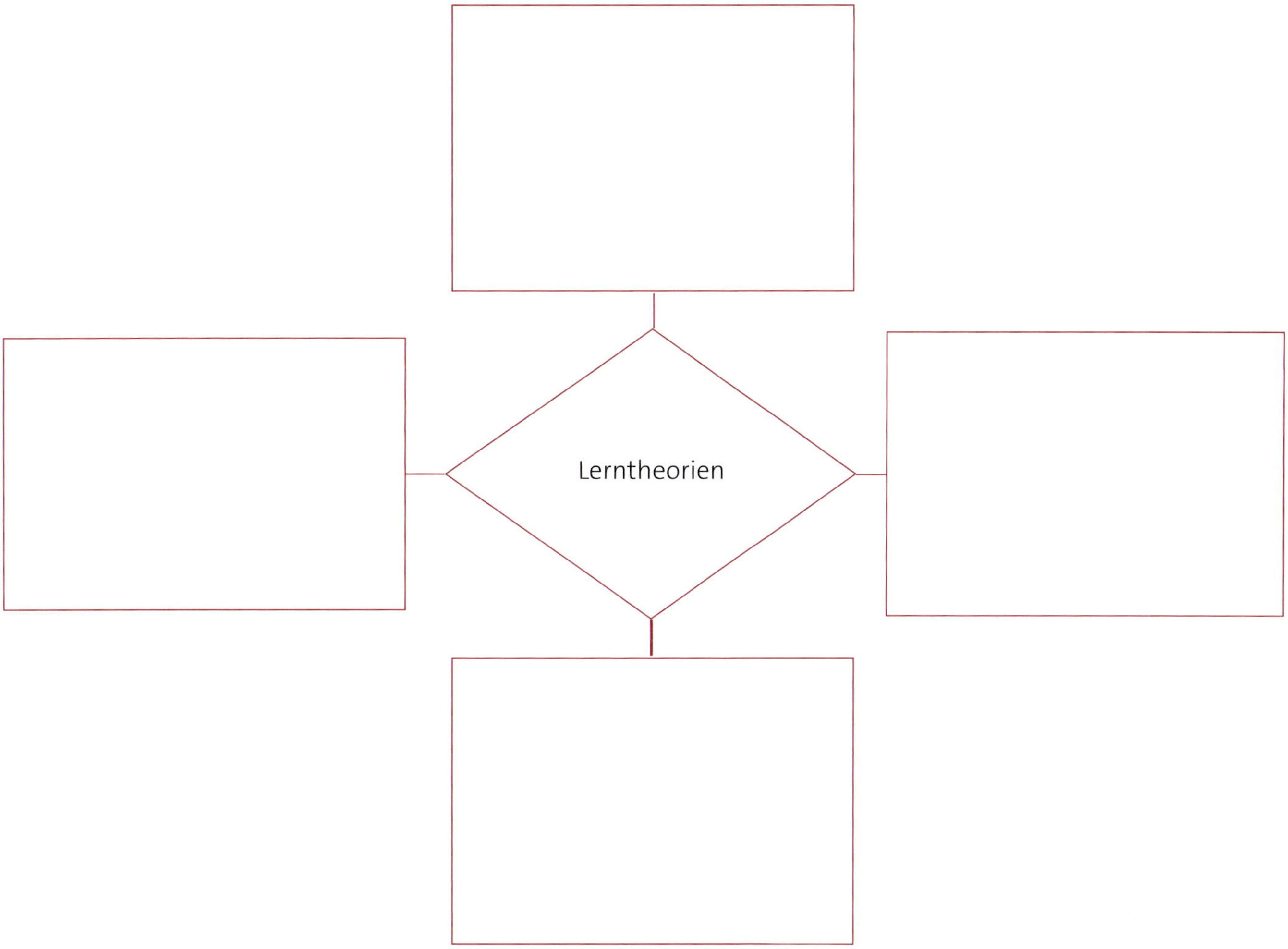

2.31 Das Hunde-Experiment des russischen Forschers Iwan Pawlow zur klassischen Konditionierung (Signallernen) ist legendär. Beschreiben Sie kurz den Versuchsaufbau.

2.32 Nennen Sie die Lerntheorie, die durch das Beispiel beschrieben wird.

1 Jonas ist seit seinem fünften Lebensjahr im Fußballverein. Beim Training hängt er sich immer voll rein und strengt sich bis zur letzten Minute an. Sein großes Vorbild ist Messi.

▶ ______________________

2 Beim Punktspiel am Wochenende hat Jonas in der ersten Halbzeit drei große Chancen vor dem Tor, die er alle zu eigensinnig vergibt. In der zweiten Halbzeit schaut er einmal öfter auf seine Mitspieler und bereitet so vier Tore wunderbar vor.

▶ ______________________

3 Nach dem Punktspiel hört Jonas, wie sein Mitspieler Musa seinem Vater erzählt, dass Jonas ihr wichtigster Spieler sei und er eine Menge Tricks draufhabe. Das macht Jonas mächtig stolz.

▶ ______________________

4 Im letzten Jahr verletzte sich Jonas beim Fußball schwer, als ein kräftiger Junge im Spiel genau auf ihn zugerannt kam und schlimm foulte. Nachdem Jonas wieder gesund war, wurde er noch Wochen später beim Training und Spiel jedes Mal unsicher und ängstlich, wenn ein Gegenspieler direkt auf ihn zugelaufen kam.

▶ ______________________

2.33 Womit nehmen wir Reize aus der Umwelt wahr? Ergänzen Sie in der Tabelle die Sinnesorgane und die dazugehörigen Sinneswahrnehmungen.

Sinnesorgan	Sinneswahrnehmung

2.34 Bezeichnen Sie mithilfe der Illustrationen die drei Schritte des Wahrnehmungsprozesses.

2.35 Erklären Sie den Unterschied zwischen Wahrnehmung und Beobachtung.

2.36 Ergänzen Sie weitere Beobachtungsthemen für die verschiedenen Arbeitsfelder.

Soziale Arbeit:

z. B. menschliche Handlungen,

Altenpflege:

z. B. Gedächtnisleistung,

Kinderbetreuung:

z. B. Sozialverhalten,

2.37 Bewerten Sie die getroffenen Aussagen über Beobachtungsmethoden – richtig oder falsch?

		richtig	falsch
a	Bei der offenen Beobachtung weiß der Beobachtete davon, dass er beobachtet wird.		
b	Bei einer verdeckten Beobachtung ist unbeeinflusstes Verhalten des Beobachteten unwahrscheinlich.		
c	Ist der Beobachter unmittelbar und direkt in die Situation eingebunden, spricht man von einer teilnehmenden Beobachtung.		
d	Die unstrukturierte oder auch Gelegenheitsbeobachtung ist aufgrund ihres geringeren Differenzierungsgrades meist die Vorstufe zu einer strukturierten Beobachtung.		
e	Bei einer strukturierten systematischen Beobachtung steht eine einzelne Situation im Mittelpunkt. Eine Dokumentation des Beobachtungsergebnisses ist nicht notwendig.		

2.38 Ordnen Sie jedem Beobachtungsfehler die richtige Erklärung zu.

A „Mildeeffekt“	**1** Der erste Eindruck, den man gewinnt, beeinflusst das Bild der betroffenen Person entscheidend.
B Kontrastfehler	**4** Bestimmte Einzeleigenschaften oder besonders hervorstechende Merkmale werden auf die ganze Person verallgemeinert.
C Vorrangeffekt	**5** Die eigene Meinung wird vom Beobachter zum Maßstab genommen und damit ist er sich nicht mehr darüber bewusst, dass er subjektiv ist.
D Der letzte Eindruck	**3** Aus Mitleid werden negativ bewertete Verhaltensformen ausgeblendet.
E Halo-Effekt	**6** Häufig werden zuletzt gemachte Eindrücke länger und intensiver abgespeichert und mit einer Person oder Situation verknüpft. Sie können nachträglich unser allgemeines Urteil über eine Person oder Situation beeinflussen.
F Einstellungsfehler	**2** Es wird besonders das beobachtet, was im Gegensatz oder Kontrast zu den Persönlichkeitsmerkmalen oder Werteinstellungen des Beobachtenden steht.

2.39 Nennen Sie jeweils zwei Beispiele, die typisch für den Alltag von Kindern bzw. Erwachsenen sind.

Typisch für den Alltag von Kindern ist …	Typisch für den Alltag von Erwachsenen ist …

2.40 Was ist mit dem Begriff „Personenzentrierung" gemeint, der im Bundesteilhabegesetz in Bezug auf die Betreuung von Menschen mit Unterstützungsbedarf genannt ist?

2.41 Welche Lebensbereiche werden durch Gutachter der Pflegeversicherung bewertet, um den Unterstützungsbedarf einer Person zu ermitteln?

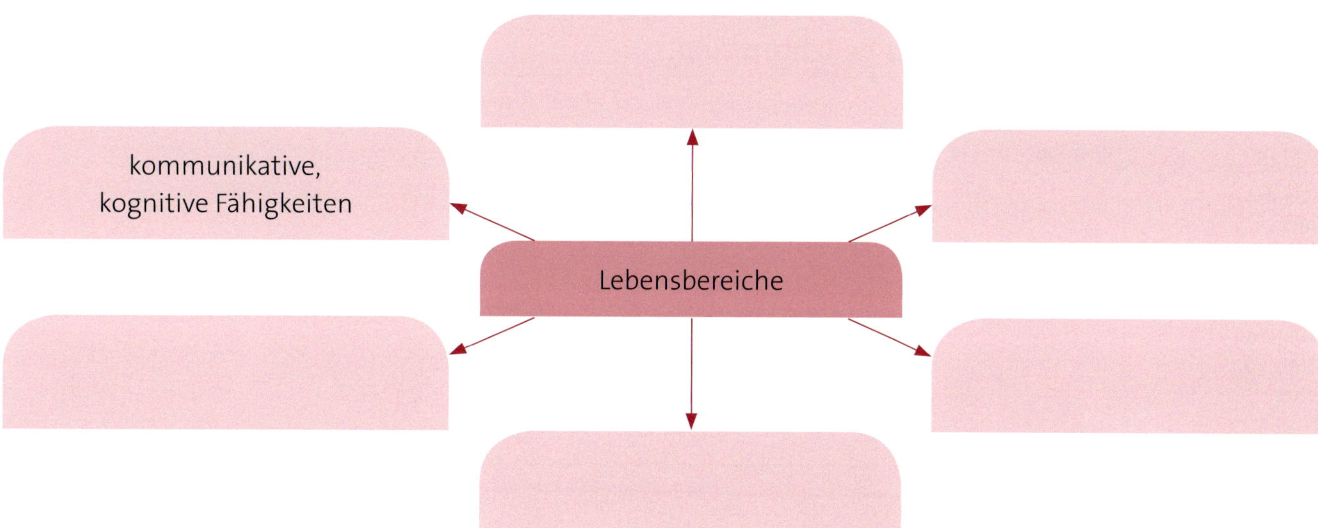

2.42 Nennen Sie mindestens drei allgemeine Aufgaben des Helfers bei der Assistenz Unterstützungsbedürftiger im Alltag.

-
-
-
-

2.43 Das „Mehr-Milieu-Prinzip“ ist der Begriff dafür, dass Menschen in verschiedenen Lebensumgebungen leben (sollten). Nennen Sie vier Beispiele für einen Menschen mit Unterstützungsbedarf für solche unterschiedlichen Lebensumgebungen.

-
-
-
-

2.44 Bei der Begleitung eines Assistenznehmers im privaten Umfeld gilt es, mit Blick auf die Privatsphäre und Lebensgewohnheiten rücksichtsvoll und sensibel aufzutreten. Finden Sie für jeden Lebensbereich mindestens vier Aspekte, die bei einer entsprechenden Betreuung abzusprechen bzw. zu beachten sind.

Lebensbereich	Wichtige Aspekte
Reinigung des Haushalts	
Ernährung und Gestaltung von Mahlzeiten	
Körperpflege	
Mobilität	

2.45 Nennen Sie Beispiele für Freizeitangebote (Aktivitäten, Feste, Feiern), die den Alltag Hilfebedürftiger ergänzen könnten.

2.46 Erklären Sie die Begriffe Beschäftigung und Bildung.

Beschäftigung

Bildung

2.47 Als Sozialassistent brauchen Sie verschiedene Kompetenzen, um Bildungs- und Beschäftigungsangebote gestalten zu können. In den folgenden Aussagen sind einige zentrale Begriffe „verschmutzt" – „reinigen" Sie diese und vervollständigen Sie die Sätze.

- Als Sozialassistent kennen Sie die Bedeutung kreativen [illegible] ____________ und erproben Materialien, [illegible] ____________ und Möglichkeiten der Anwendung.
- Sie kennen die Bedeutung von Musik und [illegible] ____________, erproben deren Möglichkeiten.
- Sie kennen die Bedeutung des [illegible] ____________ und von Spielmitteln für verschiedene Zielgruppen und setzten dieses praktisch um.
- Sie kennen Grundlagen und [illegible] ____________ einer Anleitung und können diese in allen Bereichen anwenden.

2.48 Um als Betreuer eine Beschäftigung erfolgreich anbieten und durchführen zu können, ist eine strukturierte Angebotsplanung unabdingbar. Nennen Sie mindestens acht zentrale Fragen, die vorab geklärt werden sollten.

Strukturierte Angebotsplanung

Was soll angeboten werden? Welches Thema soll das Angebot haben?

2.49 Bei der Vorbereitung eines Angebotes ist das pädagogische Handeln von didaktischen Leitlinien geprägt. Im Buchstabengitter sind sieben solcher Prinzipien versteckt. Suchen Sie vorwärts, rückwärts, waagerecht und senkrecht.

G	K	B	T	E	C	X	C	X	S	W	I	P	U	N	Ä	K	E	Ä
V	G	N	W	P	P	Q	E	L	C	A	Q	R	O	I	B	M	B	M
I	N	D	V	I	D	U	A	L	I	S	I	E	R	U	N	G	P	Z
H	U	U	I	C	H	S	P	D	F	F	R	I	A	S	Ü	Ä	Ü	Ä
U	M	Z	N	G	U	Z	E	B	T	L	E	W	S	N	E	B	E	L
S	M	C	H	R	E	T	L	E	Y	T	I	I	E	E	V	H	V	H
T	I	E	D	G	H	I	N	E	R	W	N	L	I	F	B	I	B	I
E	T	R	E	U	T	I	D	U	V	P	Ä	L	Z	L	W	N	W	N
S	S	E	A	N	E	Ö	K	K	N	C	B	I	W	E	O	A	O	A
C	E	E	D	G	H	Q	N	L	E	K	T	G	V	X	V	A	V	A
H	B	S	G	N	U	R	E	I	R	U	T	K	U	R	T	S	N	N
L	T	S	A	N	N	X	H	A	B	E	D	E	V	U	M	M	Y	S
U	I	E	R	A	N	S	C	H	A	U	L	I	C	H	K	E	I	T
Z	M	R	Ä	R	W	U	C	H	L	I	E	T	N	C	U	N	U	N
X	F	G	E	F	U	Z	N	Ö	L	O	Ö	O	D	D	Q	M	Q	M
S	E	L	B	S	T	S	T	Ä	N	D	I	G	K	E	I	T	C	K

2.50 Welche Maßnahme ist für den Abschluss eines jeden Angebotes empfohlen, um so die Angebotsplanung weiterentwickeln und verbessern zu können?

2.51 Erklären Sie den Begriff „Biografiearbeit“.

2.52 Finden Sie Beispiele für eine musikalische Beschäftigung bzw. ein musikalisches Angebot für ältere Menschen.

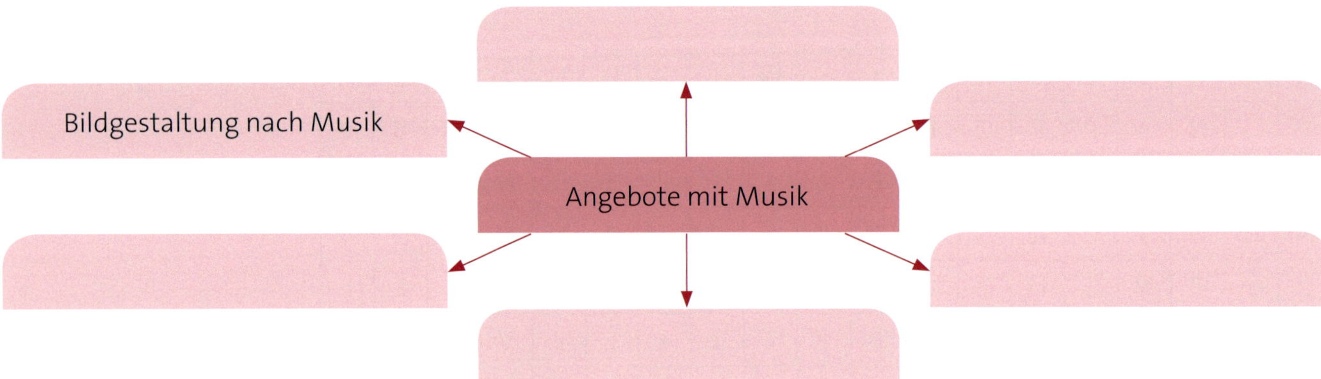

2.53 Welche Fähigkeiten werden im Spiel bei älteren Menschen gefördert? Welche anderen positiven Effekte gibt es? Nennen Sie insgesamt fünf Beispiele.

2.54 Erklären Sie das Prinzip der sogenannten 10-Minuten-Aktivierung. Nennen Sie dabei auch geeignete Materialien.

2.55 Eine Angebotsplanung kann sich aus verschiedenen Gründen als problematisch erweisen. Welches Problem ist in der jeweiligen Illustration dargestellt? Nennen Sie auch ein bis zwei Lösungsmöglichkeiten dafür.

Mögliche organisatorische Probleme	Mögliche Lösungen

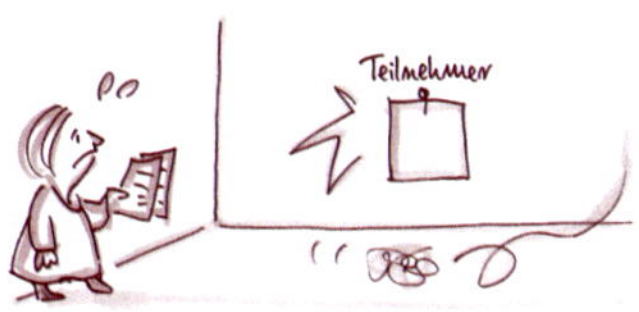	

2.56 Finden Sie Beispiele für Gestaltungsangebote für Menschen mit Behinderungen.

Gestaltungsangebote für Menschen mit Behinderungen

- plastisches Arbeiten (ziehen, drücken, drehen, formen), z. B. mit Salzteig, Knete oder Draht
-
-
-
-

2.57 Für die Kindertagesbetreuung werden insgesamt sechs Bildungsbereiche unterschieden, zu denen jeweils altersangemessene Bildungsziele formuliert werden. Benennen Sie in der Tabelle entweder den Bildungsbereich oder beschreiben Sie zwei bis drei Bildungsziele.

Bildungsbereiche	Bildungsziele
Natur und kulturelle Welten	
	▪ Das Kind kann bis zehn zählen. ▪ Das Kind erkennt geometrische Formen. ▪ Das Kind kann unterscheiden, was ist mehr, weniger oder gleich viel.
	▪ Das Kind bewegt sich zur Musik. ▪ Das Kind erkennt und singt einfache Melodien. ▪ Das Kind kennt Medien. ▪ Das Kind beherrscht Maltechniken.
Personale und soziale Entwicklung, Werteerziehung und religiöse Bildung	
	▪ Das Kind kann sich koordiniert und harmonisch bewegen und führt unterschiedliche Bewegungen sicher aus. ▪ Das Kind kann Körperteile benennen. ▪ Das Kind ist in der Lage seine Emotionen körperlich auszudrücken. ▪ Das Kind kann gesunde und ungesunde Lebensmittel unterscheiden.
Sprache, Schrift, Kommunikation	

2.58 Je nach Alter und Entwicklungsstand sind Kinder offen für unterschiedliche Formen des Spiels. Nennen Sie mindestens fünf Spielformen und jeweils ein Beispiel.

-
-
-
-
-
-

2.59 Vervollständigen Sie die formulierten Ziele bei der Gestaltungsarbeit mit Kindern.

Ziele von Gestaltungsarbeit:

- Das Kind entdeckt unterschiedliche ____________________ und setzt sie ein.
- Das Kind übt ____________________, Ausdauer und Zeiteinteilung.
- Das Kind ____________________ mit anderen.
- Das Kind lernt beim Zeichnen ____________________ zu halten und zu ____________________.
- Das Kind erlebt ____________________ und Ästhetik im Alltag und im Museum.
- Das Kind erfährt Erfolgserlebnisse, ____________________, Selbstbewusstsein.
- Das Kind bringt Fantasie und ____________________ ein.

2.60 Nennen Sie geeignete Themen für Gestaltungsangebote für Kinder und Jugendliche.

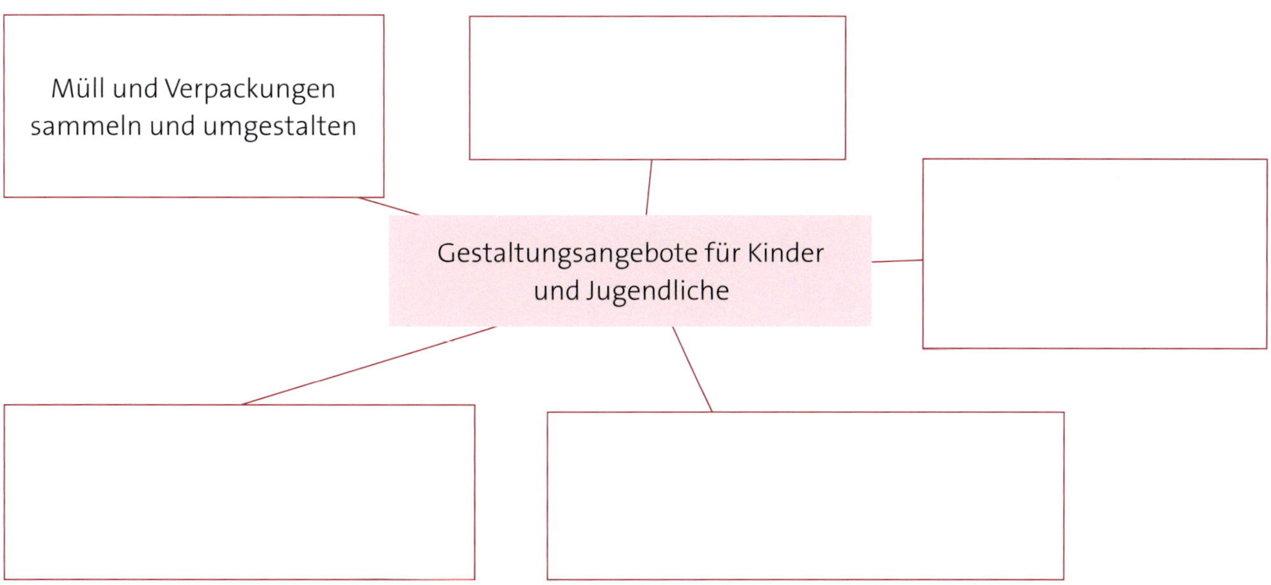

3 Einen Haushalt führen

3.1 Erklären Sie den Unterschied zwischen Bruttolohn und Nettolohn.

3.2 Nennen Sie die fünf Pflichtversicherungen des deutschen Sozialsystems.

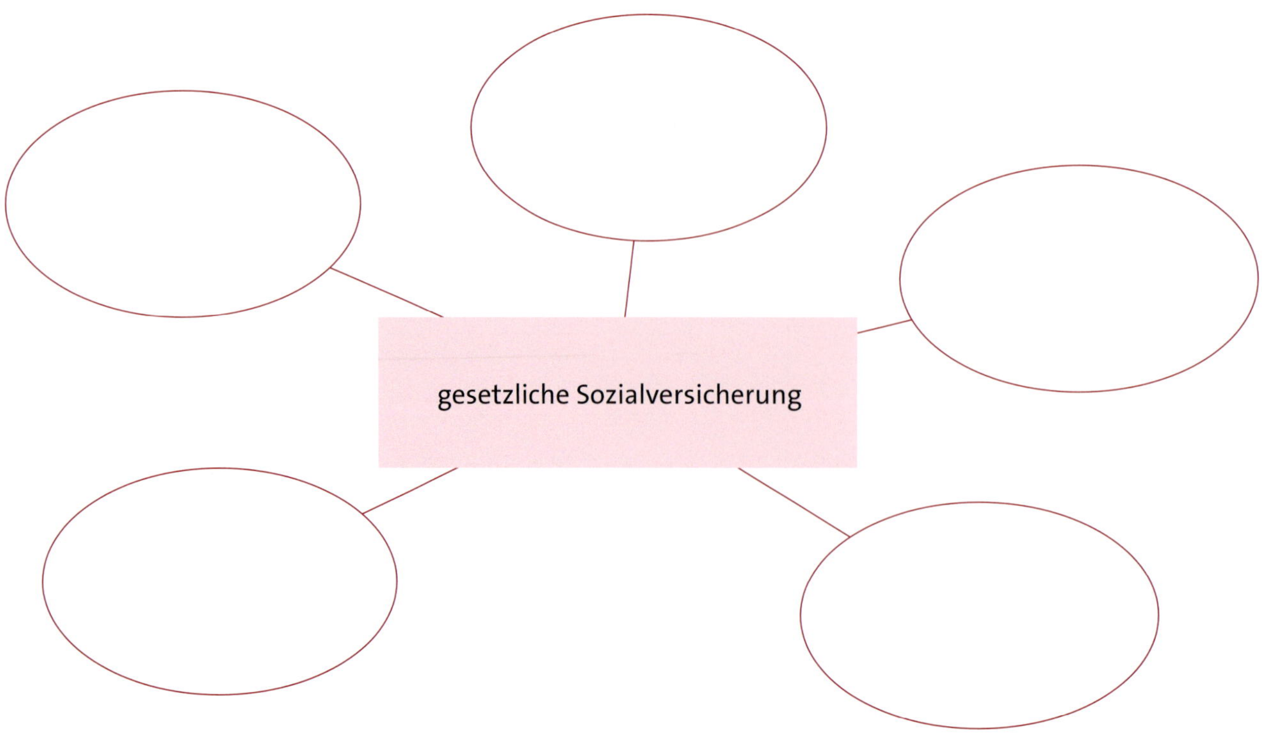

3.3 Lösen Sie das Rätsel rund um das Thema „Verträge“. Das Lösungswort ergibt von oben nach unten gelesen eine mögliche Form des Vertragsabschlusses.

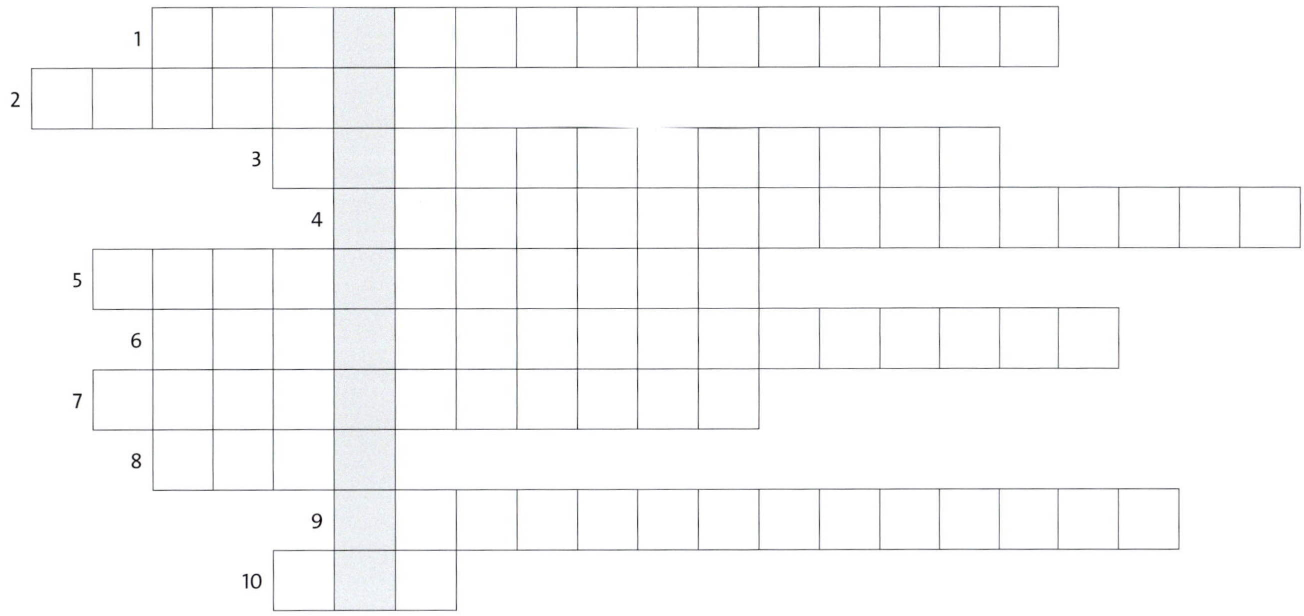

1 gilt für jeden Menschen ab Geburt
2 rechtswirksame Abmachung, Geschäft zwischen zwei oder mehr Partnern
3 Form der Zustimmung, des Einverständnisses (für ein Rechtsgeschäft)
4 andere Bezeichnung für Kredit
5 nicht nur natürliche, sondern auch diese Personen haben eine Rechtsfähigkeit
6 Kinder von 0 bis 6 Jahren dürfen keine Rechtsgeschäfte vornehmen und sind somit dies
7 finanzielle Zuwendung, mit der Kinder (ab 7 Jahren) und Jugendliche grundsätzlich Rechtsgeschäfte (z. B. Kauf) vornehmen können
8 in diesem Umfang sind Personen ab 18 Jahren geschäftsfähig
9 Vertragstyp; wird zwischen Arbeitgeber und Arbeitnehmer geschlossen
10 in diesem ist das deutsche Vertragsrecht geregelt (Abkürzung)

Lösungswort: ______________________

3.4 Erklären Sie den Unterschied zwischen einem Ratenkredit und Leasing.

3.5 Nennen Sie drei Wohnformen für Menschen im Alter und beschreiben Sie deren jeweilige Besonderheit.

Wohnform	Besonderheit

3.6 Nennen Sie Beispiele für Pflichtangaben und freiwillige Angaben gemäß der EU-Kennzeichnungsverordnung für Lebensmittel.

Pflichtangaben	Freiwillige Angaben

3.7 Finden Sie Beispiele für Lebensmittel, die im Vorratsschrank bzw. im Kühlschrank gelagert werden.

Vorratsschrank	Kühlschrank

3.8 Kreuzen Sie an, ob die Aussage über die Zubereitungsart stimmt oder nicht.

		richtig	falsch
1	Beim **Dünsten** von Lebensmitteln treten große Nährstoffverluste auf.		
2	Lebensmittel sollten beim **Backen** keine zu starke Bräunung erhalten. Es besteht ein erhöhtes Risiko einer Krebserkrankung.		
3	**Frittierte** Lebensmittel sind aufgrund ihres geringen Fettgehaltes kalorienarm und gesund.		
4	Beim **Dämpfen** bleiben dem Lebensmittel Vitamine und Mineralstoffe weitgehend erhalten.		
5	Beim **Kochen** werden viele Nährstoffe aus dem Lebensmittel herausgeschwemmt. Darum, wenn möglich, das Garwasser weiterverwenden.		

3.9 Die Weltgesundheitsorganisation (WHO) hat die sogenannte Fünf-Schlüssel-Strategie für einen hygienisch sicheren Umgang mit Lebensmitteln formuliert. Welcher „Schlüssel“ / welche Aussage ist in der Illustration abgebildet?

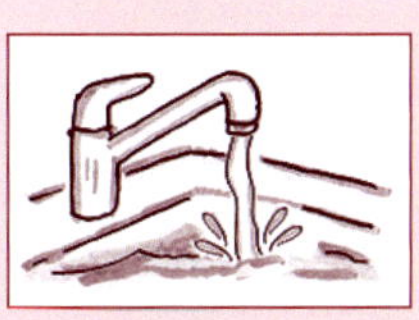

3.10 Warum sollte bei üblichen Reinigungsarbeiten in Privathaushalten auf den Einsatz von Desinfektionsmitteln oder entsprechenden Kombinationspräparaten verzichtet werden?

3.11 Ordnen Sie den Reinigungsarten jeweils typische Reinigungsarbeiten zu.

1 Staub wischen

2 Gefrierschrank abtauen

3 Betten machen

4 Spinnweben entfernen

5 Schuhe putzen

6 Schränke innen und außen reinigen

7 Wäsche bügeln

8 Geschirr wegräumen

Sichtreinigung: ____________________

Unterhaltsreinigung: ____________________

Grundreinigung: ____________________

3.12 Welche vier Faktoren bestimmen einen Reinigungsvorgang?

______	______	______	______

3.13 Nennen Sie für jedes Beispiel ein geeignetes Reinigungsverfahren (Oberbegriff) und mindestens ein benötigtes Reinigungs- bzw. Hilfsmittel.

feuchte Essensreste auf Parkettboden → ______________________

____

Schuhabdrücke und Matsch auf Keramikboden → ______________________

____

Staubflocken auf dem Wohnzimmerteppich → ______________________

____

3.14 Welche Aussagen über Materialien und deren Reinigung treffen zu? Kreuzen Sie an!

a	Bratreste in beschichteten Pfannen können ggf. mit einem Scheuerschwamm entfernt werden.	☐
b	Gegen Tee- oder Kaffeeränder an Tassen und Tellern helfen Essig und Salz.	☐
c	Beschädigte Teflonoberflächen in Töpfen und Pfannen sind gesundheitsschädigend.	☐
d	Holzbrettchen mit Schokoladenresten weicht man am besten längere Zeit in Wasser ein.	☐
e	Fenster reinigt man idealerweise von oben nach unten sowie innen nach außen.	☐
f	Für die Reinigung hartnäckiger Verschmutzungen im Sanitärbereich können Zahnbürste und Scheuermilch oder Essiglösung hilfreich sein.	☐
g	Verschmutzte Möbeloberflächen können ggf. durch nasse Reinigung oder Einweichen der Schmutzstelle in Wasser und Spülmittel gesäubert werden.	☐

3.15 Vor und nach welchen Tätigkeiten sollte man sich die Hände waschen? Nennen Sie vier Beispiele.

____

____

____

3.16 Nennen Sie die Bedeutung des jeweiligen Pflegesymbols bzw. zeichnen Sie zur Erklärung das passende Zeichen.

Pflegesymbol	Erklärung

	heiß bügeln (200 °C)
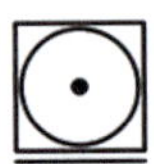	

Pflegesymbol	Erklärung
	Chlor- und Sauerstoffbleiche zulässig

	Normalwaschgang (60 °C)
	nicht bleichen
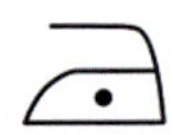	

3.17 Welcher Fleck lässt sich mit welcher Methode behandeln? Ordnen Sie zu!

Rotwein	mit Spiritus oder Entfärber behandeln
Kaugummi	ein Blatt Löschpapier auflegen und darüberbügeln
Kerzenwachs	das Kleidungsstück für einige Stunden im Gefrierschrank einfrieren
Gras	sofort Salz auf den frischen Fleck geben

3.18 Worin unterscheiden sich die Waschmittelarten? Beschreiben Sie kurz, welches Waschmittel wofür verwendet wird.

Vollwaschmittel:

Colorwaschmittel:

Feinwaschmittel:

Woll- und Seidenwaschmittel:

3.19 Entwirren Sie die Buchstabensalate und füllen Sie damit die Lücken im Text über Zimmerpflanzen.

Was nur wenige wissen: Viele bekannte Zimmerpflanzen gelten als FIIGTG ____________. Sie können CHGREALLISE ____________ Reaktionen auslösen, Durchfall verursachen oder ELAHMSCHIUTREIDNEZ ____________ wirken. Das betrifft zum Beispiel das PLAENILCHENVE ____________, die Begonie, aber auch den EWIHNSTERNHSTAC ____________. Zimmerpflanzen kauft man am besten im Fachgeschäft oder TNEEEAGRCNTR ____________. Vor dem Kauf sollte man sie z. B. auf DHÄLSINCGE ____________ (oft auf der Blattunterseite) und Frische untersuchen. Viele ELWKE ____________ oder lose Blätter an der Pflanze könnten hier ein Hinweis sein. Bei der Auswahl der Pflanze ist der vorgesehene ORDSTTNA ____________ zu berücksichtigen. Es gibt Pflanzen für EGOSINN ____________, TAHHASBLCTIGE ____________ oder schattige Plätze. Da Pflanzen meist zum TCILH ____________ hinwachsen, sollte man den Topf regelmäßig drehen, um einen gleichmäßigen Wuchs zu erreichen. Der Wasserbedarf für die einzelnen Pflanzen variiert und sollte beim Kauf erfragt werden. Oft werden Zimmerpflanzen im häuslichen Bereich eher TREÄSSÜRWBE ____________. Zudem gibt es einige Pflanzen, die bevorzugt von NUTNE ____________ gegossen werden.
Zimmerpflanzen haben großen Einfluss auf die UCELUFTFHTIITEKG ____________ eines Raumes. Sie haben aber auch selbst gewisse „Ansprüche“, vor allem in der Winterzeit ist die trockene SGNHEIZFTULU ____________ für einige eine Belastung. Hier hilft (nach vorherigem Abstauben) das ÜEBHENRPS ____________ der Blätter mit Wasser. Ebenfalls sollte man sich beim Kauf darüber informieren, wie oft welcher NÜDGRE ____________ angezeigt ist und ob die Pflanze regelmäßig TTIVCHNENRSE ____________ werden sollte.

3.20 Geben Sie mindestens fünf Tipps, wie man in einem Privathaushalt im Alltag umweltgerecht und ressourcenschonend handeln könnte.

1 ____________

2 ____________

3 ____________

4 ____________

5 ____________

6 ____________

4 Gesundheit fördern und Menschen in pflegerischen Situationen begleiten

4.1 Aaron Antonovsky entwickelte in den 1970er-Jahren das „Salutogenese-Modell". Es kehrt die übliche Perspektive um und fragt, wie Gesundheit (und nicht Krankheit) beim Einzelnen entsteht. Was bedeuten in diesem Zusammenhang die Begriffe „Stressoren" und „Kohärenzgefühl"?

Stressoren: ______________________________

____

____

Kohärenzgefühl: ______________________________

____

____

____

____

4.2 Faktoren wie das eigene Verhalten, das soziale Umfeld, die Umwelt und genetische Anlagen haben Auswirkungen auf die Gesundheit. Beschreiben Sie für jeden Faktor jeweils zwei Beispiele.

Verhalten	Soziales	Umwelt	Gene

4.3 Nennen Sie den Krankheitserreger, der im jeweiligen Text beschrieben wird.

Erreger	Erläuterung
	Dieser Mikroorganismus besteht aus einer einzigen Zelle (Einzeller) und führt zu Erkrankungen wie z. B. Malaria oder der Schlafkrankheit. Der Erreger kommt v. a. in tropischen Gebieten vor. Ausnahme ist das Krankheitsbild der Toxoplasmose (von Katzen übertragen), das bei Schwangeren bzw. dem ungeborenen Kind zu schweren Schädigungen führen kann.
	Candida und *Aspergillus* sind wohl die bekanntesten Gattungen dieses Erregertyps. Der Krankheitsbefall findet vor allem an Haut und Schleimhaut statt. Mykosen ist der Sammelbegriff für Infektionen durch diesen Erreger.
	Dieser Erregertyp kommt millionenfach im Organismus und seiner Umgebung vor. Nicht jeder Vertreter dieses Typs muss krankmachend sein, es gibt auch viele harmlose, ja sogar nützliche Arten, z. B. im Darm. Kommt es doch zu einer (schwerwiegenden) Infektion, kann in vielen Fällen die Gabe von Antibiotika helfen.
	Dieser (sehr kleine) Erreger braucht stets eine Wirtszelle zur Vermehrung, da er keinen eigenen Stoffwechsel hat. Gegen einige Vertreter kann man sich impfen lassen und so einen Krankheitsausbruch verhindern. Die bekanntesten Impfungen sind wohl jene gegen sogenannte Kinderkrankheiten wie Masern, Mumps und Röteln, aber auch die saisonale Schutzimpfung gegen Grippe.

4.4 Nennen Sie den in der Illustration dargestellten Übertragungsweg und jeweils ein Krankheitsbeispiel.

Übertragungsweg					

Krankheitsbeispiel					

4.5 Lösen Sie das Rätsel zu bakteriellen und viralen Infektionskrankheiten. Das Lösungswort ergibt von oben nach unten gelesen ein immer häufiger auftretendes Problem bei der Behandlung von schweren bakteriellen Infektionen.

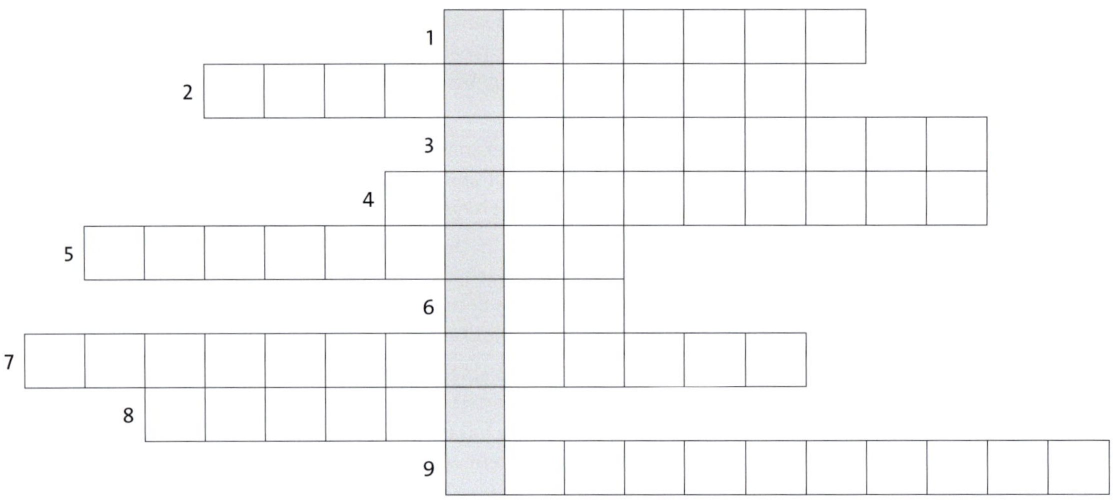

1 bakterielle Erkrankung mit typischem rotfleckigem Hautausschlag, sich vom Kopf über den Körper ausbreitend
2 Übertragung durch Zeckenbiss; unbehandelt kann sich eine schwere chronische Form dieser Erkrankung entwickeln
3 durch Streptokokken hervorgerufene typische Kinderkrankheit, auffällig ist die himbeerrote Färbung der Zunge
4 die Erreger dieser viralen Erkrankung werden über die Luft übertragen, daher der Name; charakteristisch ist die Bläschenbildung auf der Haut
5 Fachbegriff für Keuchhusten
6 Abkürzung für durch Tuberkelbakterien hervorgerufenes Krankheitsbild
7 Fachbegriff für die sogenannte Kinderlähmung
8 eine der klassischen Kinderkrankheiten, an der nicht geimpfte Erwachsene auch (noch schwerwiegender) erkranken können; klassisch sind hohes Fieber und ein nicht juckender Hautausschlag
9 umgangssprachlich für die virale Infektionskrankheit Mumps

Lösungswort: ______________________________

4.6 Kreuzen Sie an, bei welchen der Übertragungswege eine Infektion mit HIV möglich ist oder nicht.

Eine Übertragung des HI-Virus ist wahrscheinlich, wenn ...

a	... man mit einem Infizierten ungeschützten Sexualverkehr hat.	
b	... man von einer Mücke gestochen wird.	
c	... man die Tränen eines Infizierten trocknet.	
d	... ein Säugling die Muttermilch einer Infizierten trinkt.	
e	... man von einem Infizierten angespuckt oder angehustet wird.	

4.7 Nennen Sie die verschiedenen Hepatitisformen und kreisen Sie jene ein, gegen die keine Impfung möglich ist.

4.8 Nennen Sie Grundlagen für eine professionelle Händehygiene; berücksichtigen Sie dabei auch die empfohlene Reihenfolge und Häufigkeit der einzelnen Schritte.

4.9 Nennen Sie mindestens vier Situationen, in denen Sie Ihre Hände desinfizieren müssen.

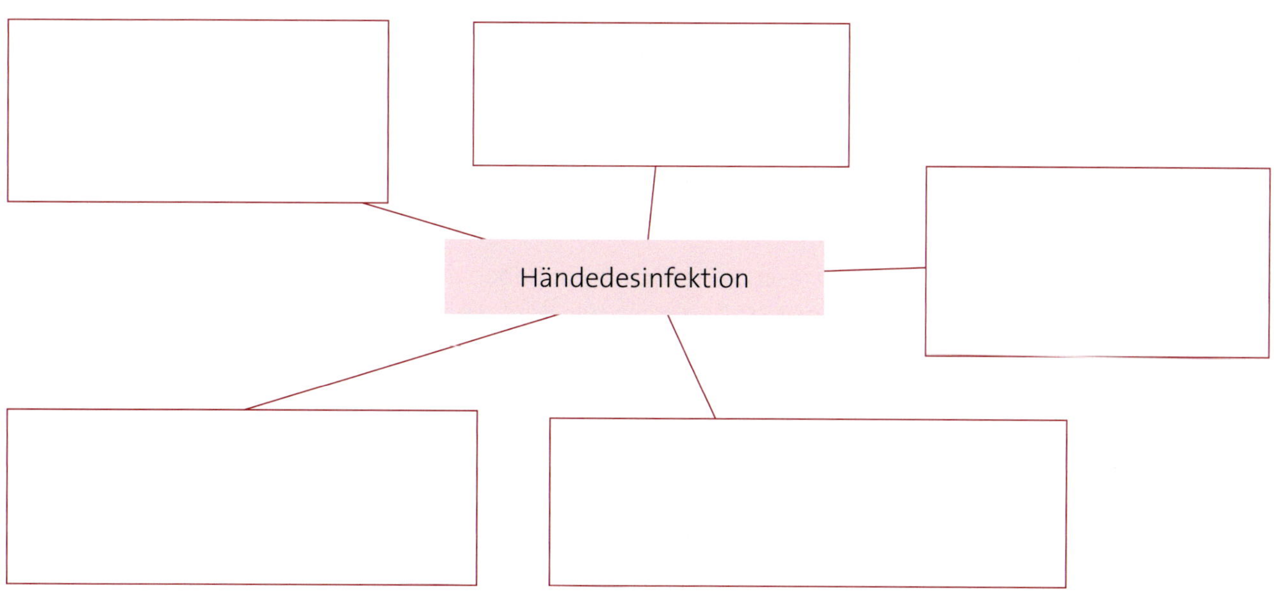

4.10 Ein gestärktes Immunsystem kann vor vielen Infektionskrankheiten schützen. Nennen Sie mindestens drei immunstärkende Alltagsaktivitäten.

4.11 Sind die Aussagen über Fieber und die Betreuung fiebernder Menschen richtig? Wenn nein, korrigieren Sie die Aussage.

a Glasige Augen, Kraftlosigkeit, Schwitzen, Kopf- und Gliederschmerzen sowie Appetitlosigkeit sind mögliche Symptome bei (hohem) Fieber.

richtig ☐ falsch ☐

b Zum Fiebermessen reicht es mitunter, durch Handauflegen auf der Stirn die Temperatur zu ermitteln.

richtig ☐ falsch ☐

c Bei Schüttelfrost kann es hilfreich sein, die Person mit einer dickeren oder zweiten Decke zuzudecken.

richtig ☐ falsch ☐

d Bei einsetzendem Fieber sollte man so rasch wie möglich ein fiebersenkendes Medikament verabreichen und/oder auch mit temperatursenkenden Maßnahmen wie Wadenwickeln beginnen.

richtig ☐ falsch ☐

e Bei starkem Schwitzen empfiehlt es sich, die Kleidung der Person zunächst nicht zu wechseln, damit sich diese nicht verkühlt.

richtig ☐ falsch ☐

4.12 Entwirren Sie die Buchstabensalate und füllen Sie die Lücken im Text über die Wirbelsäule.

Die Wirbelsäule besteht aus 33–34 Wirbeln. Man unterscheidet WRIHLBALSE ________________ (7), Brustwirbel (12), IRLLEENDENWB ________________ (5) sowie die jeweils zusammengewachsenen Wirbelabschnitte Kreuzbein und NIEESTIßB ________________. Ein Wirbel besteht aus REBPRWÖIRLKE ________________ und Wirbelbogen, der an der Hinterseite ein BREOLLWICH ________________ formt, durch welches das NERKMRCKÜA ________________ verläuft. Das Rückenmark besteht aus EENNRV ________________, die jeweils zwischen zwei Wirbelkörpern austreten und (je nach Lage) Arme, IENBE ________ und andere Regionen mit Nervenfasern versorgen. Die übereinanderliegenden Wirbel werden durch zwischenliegende HSCBANBENIED ________________ miteinander verbunden. Sie schützen die Wirbel vor UNBATGUNZ ________________ und sichern die EWEBGLTIEKHCI ________________ der Wirbelsäule.

4.13 Nennen Sie zwei klassische Krankheitsbilder des Bewegungsapparates, deren Bedeutung sowie pflegerische Handlungen, die Sie als Sozialassistent unterstützend vornehmen können.

Krankheitsbild	Bedeutung	Pflegerische Unterstützung

4.14 Ordnen Sie die Erklärung dem jeweiligen Typ Bewegungsübung zu.

passiv	gegen einen Widerstand durchgeführt
assistiv	von Pflegebedürftigen nach Anleitung selbstständig durchgeführt
aktiv	ohne Mithilfe der Pflegebedürftigen; wenn der Pflegebedürftige nicht in der Lage ist, die Übung selbstständig durchzuführen
resistiv	gemeinsam von Pflegebedürftigen und Pflegenden durchgeführt; Übergang zwischen passiven und aktiven Übungen

4.15 Nummerieren Sie die Lagerungsschritte in einer sinnhaften Reihenfolge.

- ☐ Stellen Sie abschließend das Bett wieder herunter.
- ☐ Beziehen Sie beim Lagerungswechsel den Pflegebedürftigen aktiv mit ein.
- ☐ Legen Sie sich alle Materialien in Reichweite.
- ☐ Stellen Sie das Bett auf Ihre Arbeitshöhe.
- ☐ Fragen Sie den Pflegebedürftigen, ob er bequem liegt.
- ☐ Informieren Sie den Pflegebedürftigen über Ihr Vorhaben.

4.16 Nennen Sie mindestens drei Lagerungspositionen, die sich im Rahmen der Dekubitusprophylaxe bei Pflegebedürftigen anbieten.

____

____

____

____

4.17 Sind die Aussagen zum rückengerechten Transfer von Pflegebedürftigen richtig? Wenn nein, korrigieren Sie die Aussage.

a Bei einem Transfer ist sowohl auf die eigene Gesundheit als auch auf die Sicherheit des Pflegebedürftigen zu achten.

richtig ☐ falsch ☐

b Wenn es sich anbietet, kann der Pflegebedürftige beim Transfer unter den Achseln angefasst und gezogen oder bewegt werden.

richtig ☐ falsch ☐

c Legen Sie alle Materialien, die Sie zum Transfer brauchen, im Bett bereit.

richtig ☐ falsch ☐

d Informieren Sie den Pflegebedürftigen vorab über Ihr Vorhaben und geben Sie während des Transfers klare Informationen bzw. Anweisungen. Arbeiten Sie zu zweit, sollte nur jeweils einer sprechen.

richtig ☐ falsch ☐

e Verzichten Sie auf die Funktion der Höhenverstellbarkeit des Bettes, um das Herausfallen des Pflegebedürftigen nicht zu riskieren.

richtig ☐ falsch ☐

4.18 Nennen Sie je Kategorie mindestens vier Ursachen für Schlafstörungen.

Körperliche Ursachen	Psychische Ursachen	Umweltbedingte Ursachen

4.19 Sortieren Sie die Buchstabensalate und vervollständigen Sie die Empfehlungen für schlaffördernde Maßnahmen.

- ausgewogene RNERUNGÄH ______________________
- feste EZNLAHSCFEIT ______________________ und Gewohnheiten bzw. Rituale
- FTLEÜN ____________ vor dem Zubettgehen
- Verzicht auf HLKOOLA __________________ am Abend
- warmes Bad, entspannende Massage oder

  NNNNNEENTSPAUUÜGSBG __________________________, z. B. Yoga
- gute MPERRAUMTTUREA ________________________ von ca. 18 bis 20 °C im Schlafzimmer
- erst ins Bett, wenn man DÜME ________________ ist

4.20 Nennen Sie mindestens fünf Maßnahmen zur Sturzprophylaxe.

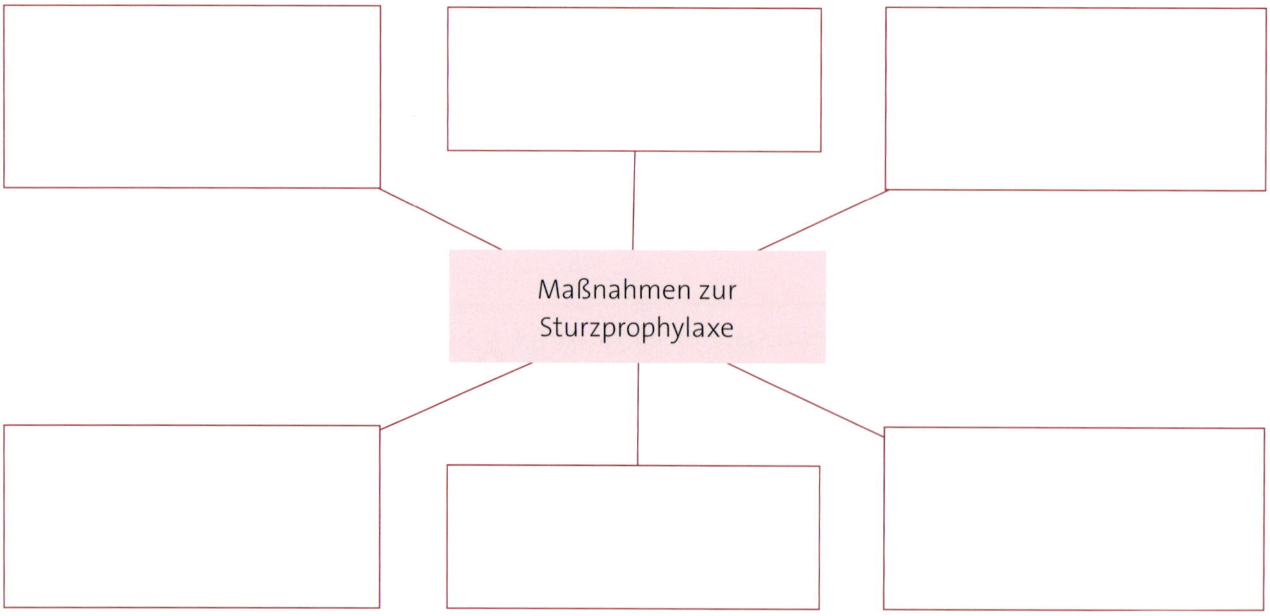

4.21 Definieren Sie den Begriff „Kontraktur“.

4.22 Streichen Sie jene Begriffe, die keine Maßnahmen zur Kontrakturprophylaxe darstellen.

- Motivation zur Bewegung
- Bewegungsbeobachtung
- Schmerzmedikation
- regelmäßige Haarpflege
- Stimmtraining
- Hilfsmitteleinsatz
- Mobilisationsförderung
- Bewegungs- und Lagerungswechsel
- vegetarische Kost

4.23 Welche Einschränkungen sind bei einem gelähmten Pflegebedürftigen zu beobachten? Nennen Sie mindestens fünf.

4.24 Im Buchstabenwurm sind vier Bestandteile des Herzens versteckt. Finden Sie diese und nennen Sie die jeweils deutsche Bezeichnung.

DRFUSESEPTUMWSOKLICKMYOKARDORISSEVENTIRKELQUIZATRIUMPOLIIRE

1 ______ ______

2 ______ ______

3 ______ ______

4 ______ ______

4.25 Was ist der Unterschied zwischen Diastole und Systole?

______

______

______

4.26 Entscheiden Sie jeweils, welcher der beiden Begriffe der richtige ist. Streichen Sie den falschen durch.

- Durch Arterien / Venen fließt das Blut vom Herzen weg.
- Durch die Arterien / Venen fließt das Blut zum Herzen zurück.
- Der rechte / linke Vorhof des Herzens sammelt das gesamte Blut aus dem Körper.
- Weiter über die rechte Kammer und die Lungenarterie / Lungenvene gelangt das Blut in die Lunge.
- Nach dem Gasaustausch in der Lunge fließt das sauerstoffreiche / sauerstoffarme Blut über die Lungenvene in den linken Vorhof und wird in die linke / rechte Herzkammer weitergeleitet. Diese pumpt es in den Körper.

4.27 Nennen Sie mindestens drei Funktionen des Blutes.

4.28 Vervollständigen Sie die Tabelle zu den festen Blutbestandteilen.

Blutbestandteil	Fachbezeichnung	Aufgabe
	Thrombozyten	
rote Blutkörperchen		
		Abwehr von Krankheitserregern, Fremdstoffen, Zelltrümmern und eigenen entarteten Körperzellen; Gedächtnis des Immunsystems

4.29 Wie nennt man den flüssigen Bestandteil des Blutes?

4.30 Nennen Sie drei lymphatische Organe und deren Funktion.

Lymphatisches Organ	Funktion

4.31 Beschreiben Sie das abgebildete Krankheitsbild.
Nennen Sie auch Ursachen und Symptome.

Krankheit: _____

Ursachen: _____

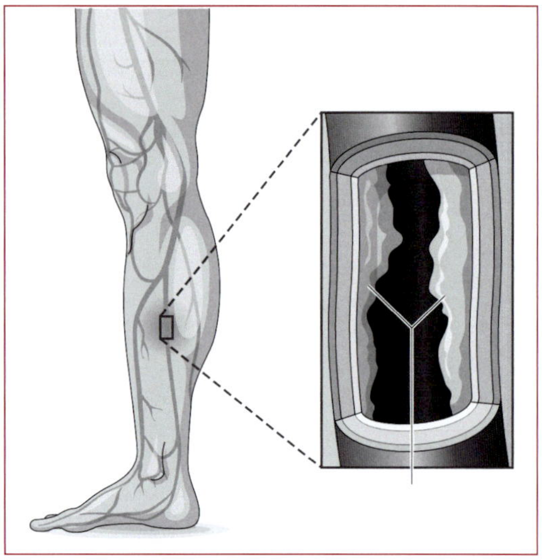

Symptome: _____

4.32 Nennen Sie fünf klassische Symptome bei Herzinfarkt.

1
2
3
4
5

4.33 Streichen Sie all jene Körperstellen, an denen man für gewöhnlich keinen Puls misst bzw. messen kann.

Leistenschlagader | obere Hohlvene | Schulterblatt

Kniescheibe | Oberlippe | Halsschlagader | Unterarmvene

Bauchschlagader | Speichenschlagader

4.34 Sie messen bei einem Betreuten einen Blutdruck von 195/110 mmHg und bei einem anderen Bewohner einen Blutdruck von 85/60 mmHg. Wie lautet der jeweilige Fachausdruck für den gemessenen Wert und welche Ursachen könnten zugrunde liegen?

	Fachbegriff	Mögliche Ursachen
Messwert 195/110 mmHg		
Messwert 85/60 mmHg		

4.35 Kreuzen Sie geeignete Maßnahmen zur Vermeidung einer Thrombose an.

- [ ] am Abend eine Cola zu trinken geben
- [ ] Beine um 20 Grad erhöht lagern
- [ ] Atemgymnastik
- [ ] morgens und abends im Schlafzimmer lüften
- [ ] frühe Mobilisation, insbesondere bei bettlägerigen Patienten
- [ ] ausreichend Bewegung ermöglichen
- [ ] Gliedmaßen kalt abduschen
- [ ] Flüssigkeitszufuhr erhöhen
- [ ] Röcke oder weiten Hosen tragen
- [ ] nicht rauchen

4.36 Welche Erstmaßnahmen sollten Sie bei einer beobachteten Bewusstlosigkeit beim Betroffenen vornehmen?

4.37 Nennen Sie fünf Nahrungsbestandteile, aus denen unser Essen im Allgemeinen besteht. Beschreiben Sie kurz deren wichtigste Funktion(en) und nennen Sie jeweils mindestens zwei Beispiele für deren Vorkommen in Lebensmitteln.

Nahrungsbestandteil	Funktion für den menschlichen Körper	Vorkommen

4.38 Welche Rolle spielen Ballaststoffe bei der Ernährung? Warum sind sie für den menschlichen Verdauungsprozess wichtig?

4.39 Der Body-Mass-Index (BMI) gilt nur als grobe Richtschnur zur Gewichtsbeurteilung. Nennen Sie individuelle Aspekte, die von der BMI-Berechnung nicht berücksichtigt werden.

4.40 Fettleibigkeit (Adipositas) ist eine Volkskrankheit der modernen Gesellschaft. Nennen Sie mindestens drei Ursachen und Folgen von Adipositas.

Ursachen von Adipositas	Folgen von Adipositas

4.41 Definieren Sie die Begriffe „Verdauung“ und „Stoffwechsel“.

Verdauung

Stoffwechsel

4.42 Beschriften Sie die Abbildung des menschlichen Verdauungssystems.

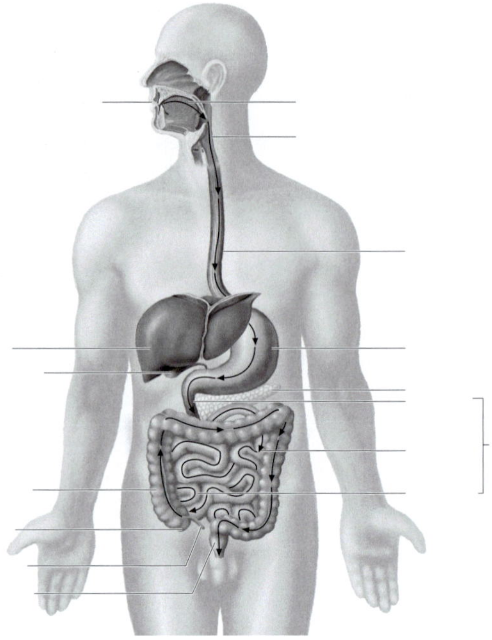

4.43 Vervollständigen Sie den Text über das Verdauungssystem.

Der Verdauungstrakt (auch ______________________ genannt) umfasst alle Organe, die an der Zufuhr der Nahrung, der Zerkleinerung und Aufnahme der ______________________ ins Blut (Resorption) sowie der Ausscheidung ______________________ Nahrungsbestandteile beteiligt sind. Beim gesunden Menschen wird über den ______________________ die Nahrung aufgenommen und während des Kauens ein erstes Mal zerkleinert. Über die ______________________ gelangt der sogenannte Speisebrei in den Magen. Dort wird die Nahrung durchmischt. Die im Magen produzierte Magensäure sorgt u. a. dafür, dass ______________________ werden. An den Magen schließt sich der erste Teil des Dünndarms an, der ______________________. In diesen Abschnitt fließen auch die Verdauungssäfte von ______________________ und ______________________ ein. Alles, was nicht in den tiefgefalteten Dünndarmzotten endgültig verdaut wird, wird durch ______________________ in den ______________________ weitertransportiert. Hier werden der verbliebenen Masse das ______________________ entzogen, Mineralsalze zurückgeführt, ja sogar ______________________ produziert. Über Sigmoid, Ampulle, ______________________ und ______________________ kommt es schließlich zur Stuhlausscheidung.

4.44 Beschriften Sie die Abbildungen zu den Harnorganen beim Mann und bei der Frau.

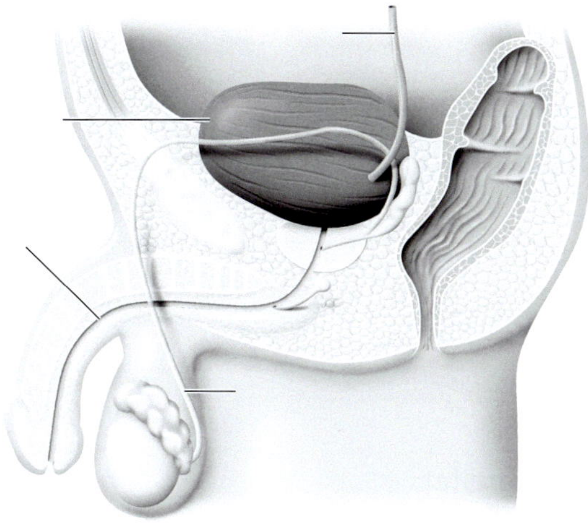

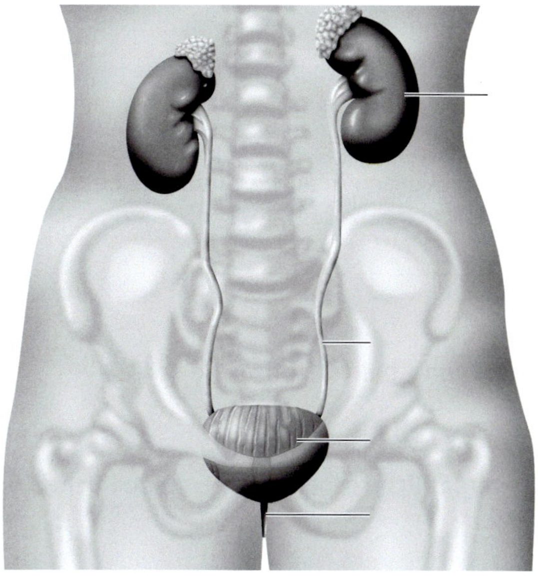

4.45 Weshalb sollten Kinder genügend Milch oder Milchprodukte zu sich nehmen?

4.46 Nennen Sie mindestens drei Ernährungsempfehlungen für ältere Menschen mit jeweils einer kurzen Begründung.

Ernährungsempfehlung	Begründung

4.47 Nennen Sie die jeweils beschriebene Kostform und ein Krankheitsbild, für die diese Kostform sich eignet.

- sehr stark zerkleinerte breiige Kost: ______
- Nährstoffe werden in aufbereiteter, leicht aufnehmbarer Form durch eine Sonde verabreicht: ______
- ausgewogene, ballaststoffreiche Kost: ______
- leicht verdauliche Lebensmittel, durch Kochen oder Dünsten zubereitet: ______

4.48 Nennen Sie zwei klassische Krankheitsbilder des Stoffwechselsystems, deren Bedeutung sowie Symptome oder auch Verhaltensweisen, die mit der Erkrankung beim Betroffenen einhergehen.

Krankheitsbild	Bedeutung	Symptome/Verhalten

4.49 Nennen Sie drei Empfehlungen, die Kommunikation betreffend, für das Anreichen von Nahrung bei Pflegebedürftigen.

______

______

______

4.50 Bei der Anreichung von Speisen an Pflegebedürftige sind einige Dinge zu beachten. Allerdings sind bei den Formulierungen einige Wörter „verschmutzt“ – „reinigen“ Sie diese.

- Das ______________ des Bettes wird bis zu 90° hochgestellt, so kann der Pflegebedürftige relativ gut schlucken und das Essen überblicken.
- Geben Sie kleine ______________ in den Mund. Wenn möglich, lassen Sie den Pflegebedürftigen mit der Handführung selbst handeln.
- Berühren Sie mit dem Löffel nicht die ______________ und kratzen Sie nicht an den ______________, das ist unangenehm und irritierend.
- Geben Sie Flüssigkeiten eher ______________ die Zunge als ______________ die Zunge.
- Strohhalme und ______________ können (z. B. bei sehr alten oder dementen Menschen) Schluckbeschwerden noch verstärken. Dann sollten alternativ Getränke am besten mit einem an den Lippen angelegten Becher in kleinen Schlucken unter die Zunge gegeben werden.
- ______________ Sie bei starken Schluckstörungen nicht zu schnell zwischen Getränken und ______________.
- Unterstützen Sie nicht ______________ Personen gleichzeitig, sondern jede Person einzeln.

4.51 Welche Stuhlgangsfärbung lässt welche Ursache vermuten? Ordnen Sie zu!

entfärbt, lehmfarben	Würmer
braunschwarz	Erkrankung der Leber
grünbraun	Blutung im Magen-Darm-Trakt, Eisenpräparate
weiße Auflagen	Spinatverzehr

4.52 Beschreiben Sie die beiden in den Illustrationen abgebildeten Möglichkeiten, ein Steckbecken zu platzieren. Nennen Sie zudem allgemeine (hygienische) Empfehlungen für diese Form der pflegerischen Unterstützung.

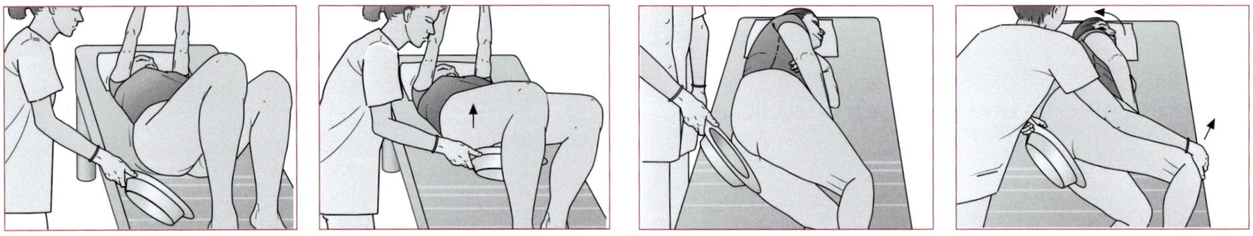

4.53 Ein (bettlägeriger) Pflegebedürftiger erbricht. Nennen Sie für diese Situation mindestens vier konkrete Hilfestellungen.

4.54 Worauf lässt die jeweilige Färbung des Urins schließen? Ergänzen Sie in der Tabelle entweder die Beschreibung oder mögliche Ursachen.

Urinfärbung	Mögliche Ursachen
milchig trübe	
dunkelbraun	
	große Trinkmengen
Blutbeimengungen	
	übermäßiger Verzehr von Roter Bete

4.55 Nennen Sie drei Ursachen für Erbrechen.

4.56 Kreuzen Sie geeignete Maßnahmen der Obstipationsprophylaxe an.

- [ ] ballaststoffreiche Ernährung (z. B. Vollkornprodukte, Obst, Trockenobst, Gemüse und Hülsenfrüchte)
- [ ] Bier nur aus grünen, nicht braunen Flaschen anbieten
- [ ] Förderung körperlicher Aktivität zur Anregung des Stoffwechsels
- [ ] tägliche Gabe von Abführmitteln
- [ ] Vermeidung negativer Rahmenbedingungen (z. B. Stress, psychische Belastungen)
- [ ] Vermeidung oder Reduzierung ballaststoffarmer Lebensmittel (z. B. Kuchen, Schokolade)
- [ ] auf ausreichende Flüssigkeitszufuhr achten
- [ ] flüssigen Honig statt festen Honig verwenden

4.57 Erklären Sie kurz die Bedeutung und Notwendigkeit von Parotitisprophylaxe und Soorprophylaxe.

Parotitisprophylaxe

Soorprophylaxe

4.58 Nennen Sie beobachtbare Verhaltensweisen, die auf eine Bulimie oder eine vergleichbare Form der unkontrollierten Nahrungsaufnahme schließen lassen.

4.59 Oberer Atemweg oder unterer Atemweg? Ordnen Sie die anatomischen Begriffe richtig zu!

Kehlkopf • Mund • Bronchien • Nasennebenhöhlen • Nase • Luftröhre • Rachen

Oberer Atemweg	Unterer Atemweg

4.60 Erklären Sie den Unterschied zwischen innerer Atmung und äußerer Atmung.

4.61 Weshalb schaden Teer und Nikotin vom Tabakrauch der Lunge? Erklären Sie kurz!

4.62 Nennen Sie zwei klassische Krankheitsbilder des Atmungssystems, deren Bedeutung sowie pflegerische Handlungen, die Sie als Sozialassistent unterstützend vornehmen können.

Krankheitsbild	Bedeutung	Pflegerische Unterstützung

4.63 Nennen Sie mindestens vier Beobachtungskriterien für die Atmung, z. B. im Rahmen der pflegerischen Versorgung.

-
-
-
-
-

4.64 Kreuzen Sie geeignete Maßnahmen der Pneumonieprophylaxe an.

- ☐ Kontakt zu Erkrankten vermeiden
- ☐ Atemübungen, Atemgymnastik
- ☐ festes Schuhwerk
- ☐ Oberkörper hochlagern, atemunterstützende Lagerung
- ☐ regelmäßige Mund- und Nasenpflege
- ☐ Fersenhohllagerung
- ☐ Frischluftzufuhr, Zimmer lüften
- ☐ regelmäßige Ohrenpflege
- ☐ Mobilisation fördern
- ☐ ausreichende Flüssigkeitszufuhr

4.65 Kreuzen Sie geeignete Maßnahmen der Aspirationsprophylaxe an.

- ☐ zuckerhaltige Speisen sind nicht empfohlen
- ☐ ggf. dickflüssige Nahrung anbieten
- ☐ langsame Nahrungsdarreichung
- ☐ Getränke ohne Kohlensäure anbieten
- ☐ Farbabfolge beachten: erst grünes, dann rotes, am Ende gelbes Essen
- ☐ kleine Portionen der Nahrung vorbereiten
- ☐ beim Essen und Trinken des Patienten anwesend sein
- ☐ keine Gabeln benutzen
- ☐ bei der Nahrungsaufnahme Ruhe ausstrahlen, nicht hetzen
- ☐ Oberkörper hochlagern, insbesondere bei der Nahrungsaufnahme und Mundpflege

4.66 Nennen Sie vier Ursachen für plötzlich einsetzende Atemnot sowie vier Maßnahmen, die Sie bei einem betroffenen Pflegebedürftigen durchführen.

Ursachen akuter Atemnot	Pflegerische Maßnahmen bei akuter Atemnot

4.67 Nennen Sie die vier Bestandteile des Nervensystems.

4.68 Das Nervensystem funktioniert willkürlich (w) oder unwillkürlich (uw). Ordnen Sie den Beispielen die richtige Funktionsweise zu.

einen Gegenstand vom Boden aufheben	(_____)	das Mittagessen verdauen	(_____)
üblen Gestank wahrnehmen	(_____)	einen Puls von 78/min haben	(_____)
den Kopf zur Seite drehen	(_____)	„Schmetterlinge im Bauch" haben	(_____)

4.69 Beschriften Sie in der Abbildung die Bestandteile des menschlichen Gehirns.

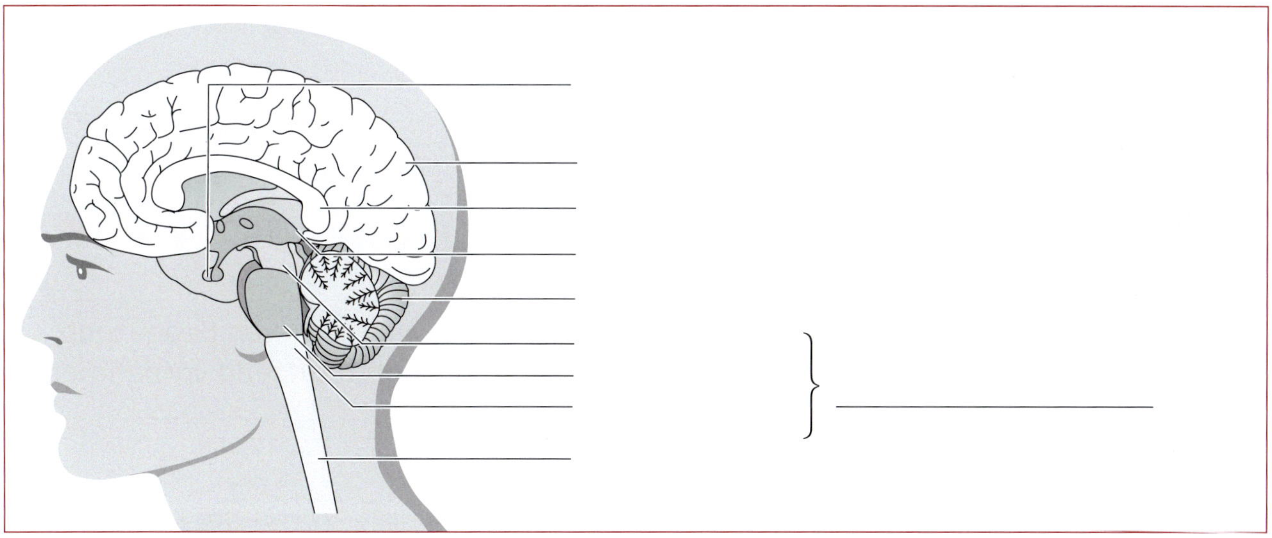

4.70 Auf welche anatomische Struktur bezieht sich die Redewendung „Streng mal Deine grauen Zellen an"?

4.71 Das Rückenmark verläuft vom Gehirn bis zum Lendenwirbelbereich. Welche Folge hat eine quere Schädigung der Nervenbahnen?

4.72 Definieren Sie den Begriff „Hormone“.

4.73 Nennen Sie mindestens vier Hormondrüsen des Menschen.

-
-
-
-
-

4.74 Nennen Sie zwei klassische Krankheitsbilder des Hormonsystems, deren Bedeutung sowie pflegerische Handlungen, die Sie als Sozialassistent unterstützend vornehmen können.

Krankheitsbild	Bedeutung	Pflegerische Unterstützung

4.75 Vervollständigen Sie die Empfehlungen zur personenzentrierten Kommunikation nach Kitwood bei der pflegerischen Unterstützung demenziell Erkrankter.

- Geben Sie Nähe und ______________________.
- Geben Sie Raum, in dem der Betroffene seine ______________________ ausdrücken darf.
- Stimulieren Sie die ______________________.
- Lassen Sie den Betroffenen ______________________ erleben.
- Geben Sie ______________________ für vertraute Beschäftigungen.
- Schaffen Sie eine ______________________ und fördernde Umgebung.

4.76 Erklären Sie den Begriff „Deprivation".

____

____

____

____

4.77 Nennen Sie mindestens vier Maßnahmen, die geeignet sind, einer Deprivation vorzubeugen.

- ______________________
- ______________________
- ______________________
- ______________________
- ______________________

4.78 An welchen Anzeichen können Sie ggf. einen verängstigten Menschen erkennen?

4.79 Nennen Sie empfohlene Verhaltensweisen für den Umgang mit einem aggressiven Menschen.

4.80 Nennen Sie mindestens vier mögliche Ursachen für aggressives Verhalten bei einer hilfebedürftigen Person.

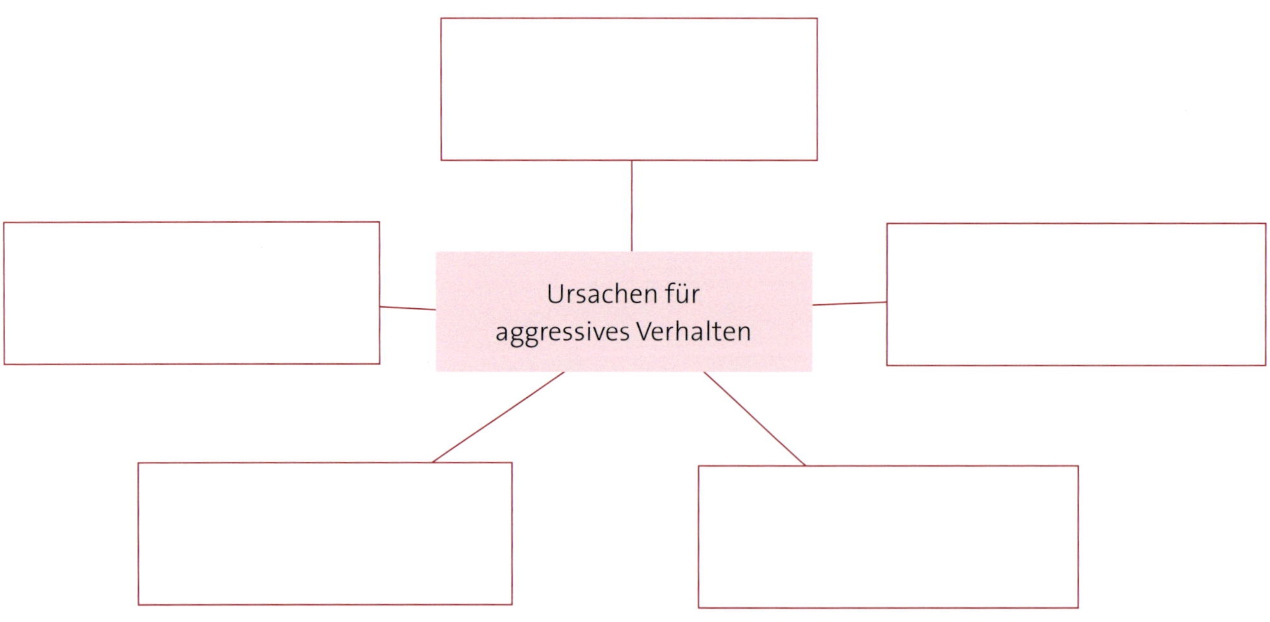

4.81 Füllen Sie den Lückentext über die Funktionen der Haut aus.

Die Haut, das größte ______________ des Menschen, hat viele Funktionen. Sie ist ______________ zwischen der „Innenwelt“ und der „Außenwelt“, d. h., dass sie den Menschen vor ______________ Umwelteinflüssen wie Kälte, ______________ oder gefährlicher Strahlung schützt.

Über ______________, die dicht unter der Oberfläche liegen, nimmt die Haut Reize auf, z. B. ______________ oder Hitze. Wird an diesen Rezeptoren eine Überschreitung der durchschnittlichen Körpertemperatur wahrgenommen, wird an der Hautoberfläche ______________ abgesondert, der durch seine Verdunstung den Körper kühlt, damit die Körpertemperatur reguliert und vor ______________ schützt. Im Volksmund wird die Haut auch als Spiegel der Seele bezeichnet. Diese Zuschreibung bezieht sich auf die ______________________ der Haut. Wir senden ______________ und Botschaften, gewollt oder nicht, indem wir z. B. (vor Scham) ______________ oder (vor Neid) ______________. Eine weitere Funktion betrifft die ______________ körpereigener Säfte wie Schweiß oder Talg. Bis zu zehn ______________ am Tag kann die Ausscheidungsmenge betragen.

4.82 Nennen Sie jeweils eine typische Altersveränderung der Haut und eine dafür geeignete pflegerische Maßnahme.

Veränderung der Haut im Alter	Pflegerische Maßnahme

4.83 Streichen Sie die Begriffe, die nicht als klassische Entzündungszeichen (der Haut) gelten.

Schmerzen | Blässe | Überwärmung

Schwellung | Verhornung | Rötung

Funktionsverlust | Gänsehaut

4.84 Nennen Sie zwei Krankheitsbilder der Haut, deren Bedeutung sowie pflegerische Handlungen, die Sie als Sozialassistent unterstützend vornehmen können.

Krankheitsbild	Bedeutung	Pflegerische Unterstützung

4.85 Nennen Sie jeweils drei Anwendungsmerkmale für eine belebende Körperwaschung und eine beruhigende Körperwaschung.

Belebende Waschung: __________

Beruhigende Waschung: __________

4.86 Planen Sie wahlweise die Körperwaschung eines Pflegebedürftigen am Waschbecken, im Bett, in der Dusche oder in der Badewanne. Gehen Sie dabei v. a. auf die Vorbereitungen, notwendigen Materialien und die Durchführung ein.

Vorbereitung:

Materialien:

Durchführung

4.87 Entscheiden Sie, ob die Aussagen zu den einzelnen Pflegemaßnahmen stimmen (könnten) oder nicht. Korrigieren Sie Falschaussagen.

a Verfilzungen im Haar schneidet man beim Haarekämmen am besten gleich mit heraus.

richtig ☐ falsch ☐

b In bestimmten Situationen, z. B. Erkrankungen im Ohr oder starker Erkältung, sollte das Haarewaschen unterbleiben.

richtig ☐ falsch ☐

c Sind am Auge stärkere Verklebungen oder Verkrustungen sowie Entzündungen zu beobachten, sollte der Sozialassistent eine Pflegefachkraft informieren.

richtig ☐ falsch ☐

d Die Reinigung des Ohres sollte in dieser Abfolge geschehen: hinter dem Ohr, äußere Ohrmuschel, innere Ohrmuschel, Gehörgang (unbedingt mit Wattestäbchen!).

richtig ☐ falsch ☐

e Im Rahmen der Mundpflege sollte auf Veränderungen, z. B. der Schleimhaut, der Zähne, der Lippen sowie des Mundbereichs, geachtet werden.

richtig ☐ falsch ☐

f Nimmt ein Pflegebedürftiger gerinnungshemmende Medikamente ein, ist die Nassrasur gegenüber der Trockenrasur zu bevorzugen.

richtig ☐ falsch ☐

g Es wird empfohlen, Fingernägel rund bis oval und Fußnägel gerade zu schneiden sowie die Nagelränder mit einer Nagelfeile zu glätten.

richtig ☐ falsch ☐

4.88 Was ist im Rahmen der Zahnpflege mit der sogenannten KAI-Methode gemeint? Erklären Sie diese kurz.

4.89 Nennen Sie die beiden größten Unterschiede der Säuglingshaut zur Erwachsenenhaut und welche Vorkehrungen bei der Pflege von Säuglingen sich daraus ableiten.

4.90 Definieren Sie den Begriff „Dekubitus" und nennen Sie mindestens drei Ursachen.

4.91 In mancher der Beschreibungen zu Maßnahmen der Dekubitusprophylaxe ist etwas durcheinandergeraten. Formulieren Sie die Aussage sinnhaft um.

- eiweiß- und vitaminreiche Hautbeobachtung ______
- regelmäßige Haut und Hautfalten ______
- Mobilisation, Bewegungsförderung ______
- atmungsaktiver Lagerungswechsel (mind. alle 2 h) ______
- gefährdete Körperstellen hohl lagern und abpolstern ______
- nicht zu lange trocken halten ______
- pH-neutrale Ernährung ______
- sitzen lassen, um Hautelastizität zu erhöhen ______
- ausreichend Flüssigkeit, Kleidung ______
- regelmäßige Waschlotion bei Hautpflege ______

4.92 Erklären Sie kurz die Notwendigkeit und die Durchführung der Intertrigoprophylaxe.

______

______

______

______

4.93 Die amerikanische Schmerzexpertin Margo McCaffery äußerte einmal: *„Schmerz ist das, was der Betroffene über die Schmerzen mitteilt. Sie sind vorhanden, wenn der Patient sagt, dass er Schmerzen hat."* Was ist mit dieser Aussage, bezogen auf eine Definition des Begriffes „Schmerz", gemeint?

4.94 Im Buchstabengitter verstecken sich sieben Adjektive, die sich zur Beschreibung der Schmerzqualität eignen. Suchen Sie vorwärts, rückwärts, senkrecht und waagerecht.

N	E	K	F	S	U	B	U	Ü	Ä	H	I	S	A	R	G	U
I	B	M	S	T	A	R	K	L	K	A	Q	U	N	F	J	S
E	X	N	S	C	H	E	E	R	R	R	E	U	T	Ö	R	I
S	Ü	Ä	I	C	H	N	P	D	A	E	A	N	E	D	Ü	Ä
R	Q	D	N	I	P	N	O	R	M	E	D	G	H	U	Q	D
N	E	K	H	R	E	E	L	F	P	M	U	D	N	Q	V	H
T	D	E	D	G	H	N	N	E	F	U	N	G	E	A	B	I
E	N	R	C	U	T	D	T	A	A	N	U	T	I	L	W	N
N	E	E	W	N	E	R	K	K	R	T	L	T	H	E	O	A
Ö	R	T	A	Z	Y	C	N	S	T	E	C	H	E	N	D	A
S	H	C	A	W	H	C	S	R	I	I	E	R	G	U	N	N
R	O	S	E	O	H	E	E	T	G	L	I	F	J	S	A	S
E	B	E	R	Z	T	F	E	R	B	U	F	Ö	R	I	B	R

4.95 Nennen Sie den größten Fehler, den man in einer Erste-Hilfe-Situation begehen kann.

4.96 Ergänzen Sie die fünf Glieder der sogenannten Rettungskette.

4.97 Vervollständigen Sie die drei Grundsätze für Ersthelfer in einer Notsituation.

1 Schützen Sie ______________________________

2 Melden Sie ______________________________

3 Helfen Sie ______________________________

4.98 Kreuzen Sie jene Maßnahmen an, die von Ersthelfern durchgeführt werden sollten und in einer Notsituation immer richtig sind.

- [ ] den Unglücksort detailliert fotografieren
- [ ] ständig die lebenswichtigen Funktionen des Verletzten kontrollieren
- [ ] die Presse über das geschehene Unglück informieren
- [ ] den Notruf unter 112 oder 110 wählen
- [ ] den Verletzten mit einer Rettungsdecke wärmen; dabei auch auf Wärme von unten achten
- [ ] die eigene Familie anrufen und sagen, dass es heute etwas später wird
- [ ] psychische Betreuung: mit dem Betroffenen sprechen, ihm über den Kopf streichen, mitteilen, dass sich um ihn gekümmert wird

4.99 Ergänzen Sie die grundsätzlichen Leitsymptome von Notfällen.

keine Atmung		

4.100 Erläutern Sie drei Notfallszenarien aus der vorherigen Aufgabe ausführlicher. Beschreiben Sie Symptome und Erste-Hilfe-Maßnahmen.

Notfallsituation	Symptome	Erste-Hilfe-Maßnahmen

4.101 Sie betreuen ein kleines Kind, das plötzlich einen Krampfanfall entwickelt. Was können Sie tun?

4.102 Menschen gehen mit der Gewissheit ihres (baldigen) bevorstehenden Todes ganz unterschiedlich um. Nennen Sie mögliche beobachtbare Verhaltensweisen.

4.103 Auch schwerstkranke und sterbende Menschen haben am Lebensende Bedürfnisse, die sie allerdings nicht immer mitteilen können. Tragen Sie in der Tabelle mindestens vier physisch-körperliche und vier psychisch-emotionale Bedürfnisse ein.

Physisch-körperliche Bedürfnisse	Psychisch-emotionale Bedürfnisse

4.104 Was bedeutet der Begriff der „palliativen Versorgung" eines schwerstkranken oder sterbenden Menschen?

4.105 Nennen Sie vier Betreuungsmöglichkeiten im Rahmen der Hospiz- und Palliativversorgung.

4.106 Formulieren Sie drei Verhaltensempfehlungen für die Begleitung eines trauernden Menschen.

B

Handlungsorientierte Aufgaben

1 Rollenkonflikte

„Ich habe so ein komisches Gefühl ..."

Ayla (31 Jahre) arbeitet seit zwei Monaten als Sozialassistentin im Schulhort „Villa Kunterbunt". Zum Team des Schulhortes gehören ein staatlich anerkannter Erzieher und eine Sozialpädagogin.
Alle zwei Wochen findet eine einstündige Teamsitzung mit der Hortleitung statt. Dort werden nur organisatorische Dinge besprochen.
Zu Aylas pädagogischen Aufgaben gehört die Nachmittagsbetreuung im Freizeitbereich, aber auch die Begleitung der Kinder bei den Hausaufgaben.
Seit einer Woche gibt es einen neuen Jungen in der Gruppe. Willi Bergen, 9 Jahre alt. Willis Eltern arbeiten viel und haben wenig Zeit, sich um Willis Bedürfnisse angemessen zu kümmern. Im Hort fällt Willi dadurch auf, dass er oft dreckige Kleidung trägt und meistens Hunger hat. In Gesprächen erfährt Ayla, dass Willi in ihrer Nachbarschaft wohnt, und ihr fällt ein, dass sie seine Eltern schon häufig noch am späten Abend draußen gesehen hat.

Als seine Noten immer schlechter werden, wird im Team diskutiert, ob es Ayla nicht möglich sei, mit Willis Eltern zu besprechen, was denn momentan zu Hause so los sei. Aylas Bauchgefühl meldet sich sofort und gern hätte sie diesen Auftrag abgelehnt. Dennoch sagt sie „Ja!". Da Ayla nicht weiß, welchen Ablauf der Hort zum Thema Elterngespräche hat, entscheidet sie sich dafür, einfach mal bei Willis Eltern zu klingeln.
Nach der Arbeit geht Ayla zu Familie Bergen. Als sie aber vor der Haustür von Familie Bergen steht, merkt sie, dass sie dieses Gespräch doch nicht führen möchte, und geht, ohne zu klingeln, wieder in ihre Wohnung. Nachts liegt sie wach und denkt, dass sie jetzt bestimmt Ärger bekommt, da sie den Auftrag ihrer Chefin nicht ausgeführt hat. Verunsichert und mit einem komischen Gefühl geht sie am nächsten Morgen zur Arbeit und sucht das Gespräch mit ihrer Kollegin:

Ayla: „Ich stand gestern bei Familie Bergen vor der Tür, habe mich aber nicht getraut zu klingeln."

Sozialpädagogin: „Nein? Was dachtest du denn, was passieren wird?"

Ayla: „Naja, ich kenne Willis Eltern vom Sehen, die wohnen bei mir um die Ecke. Und als ich dann dort stand, dachte ich, dass es sich irgendwie komisch anfühlt, da ich ja nicht neutral sein kann."

Sozialpädagogin: „Hast du denn den Termin dann wenigstens noch abgesagt, sodass sie nicht auf dich warten mussten?"

Ayla: „Termin? Ich bin einfach spontan vorbeigegangen."

Sozialpädagogin: „Dann ist ja gut, dass du nicht geklingelt hast."

1. Aufgabe

Worum geht es in der Handlungssituation? Beschreiben Sie kurz.
Beschreiben Sie das Verhalten von Ayla. Was macht Ayla konkret zu schaffen?

2. Aufgabe

Was sollte Ayla zum Thema „Rollenkonflikte" wissen und können, um angemessen auf den Wunsch ihrer Leitung zu reagieren?
Formulieren Sie, welche Fähigkeiten und Fertigkeiten (→ Können) und welche konkreten Inhalte und Wissensbereiche (→ Wissen) sich Ayla aneignen sollte.

Das sollte Ayla können ...	Das sollte Ayla wissen ...

3. Aufgabe

Welche Bedeutung hat das Wissen um Rollenkonflikte im pädagogischen Alltag?
Beschreiben Sie, was das Team des Schulhorts „Villa Kunterbunt" konkret tun könnte, um dieser Anforderung gerecht zu werden.

4. Aufgabe

Wie kann Ayla zukünftig mit Rollenkonflikten besser umgehen?
Diskutieren Sie, wie Ayla ihr erworbenes Wissen und Können zum Thema „Rollenkonflikte" auf Alltagstauglichkeit prüfen könnte.

TIPPS **So geht's in der Praxis**

Jeder Mensch nimmt bestimmte Rollen in seinem Leben ein, z. B. als Kind, Nachbarin, Freundin, Kollegin, Vorgesetzte, Elternteil, Konkurrentin, Schülerin. Diese Rollen und die damit verbundenen Rollenerwartungen führen nicht selten dazu, dass man in Entscheidungssituationen ein komisches Bauchgefühl bekommt. Entscheidet man sich dann gegen dieses intuitive Gefühl und versucht, allen Erwartungen gleich gerecht zu werden, führt dies auf Dauer zu Stress, Krankheit und im schlimmsten Fall zur Arbeitsunfähigkeit.
Auch Sozialassistenten müssen die verschiedenen Rollenkonflikte kennen. Sie sollten Methoden können, um diese zu lösen und ihre Rollen transparent nach innen (für sich) und außen (für andere) zu machen. Sie sollten sich und ihre Rollen ständig reflektieren. Als Sozialassistent sind Sie jeden Tag durch die unterschiedlichsten Wünschen und Bedürfnissen der Klienten gefordert. Daher ist es enorm wichtig, sich Denkpausen einzufordern und auch einfach mal „Nein!" zu sagen.

Inhalte aus dem Band „Sprungbrett Soziales – Sozialassistenz" zum Themenkomplex „Berufsmotivation – ‚Woher komme ich, wohin gehe ich?'"

Eigene Erfahrungen und die Ausbildung im sozialen Arbeitsfeld – „Wo ich meine Erfahrungen einbringe" (→ ab S. 25) ☐

- *Rollenerwartungen*
- *Rollenkonflikte*

Kompetenzerwerb in der Ausbildung – „Der ganze Mensch ist gefragt" (→ ab S. 28) ☐

- *Berufsspezifischer Kompetenzerwerb*

2 Inklusion, Ressourcenorientierung und Gender

„Angebote in der Jugendfreizeiteinrichtung“

Im Rahmen Ihrer Ausbildung zur Sozialassistenz absolvieren Sie Ihr mehrwöchiges Praktikum in der Jugendfreizeiteinrichtung „Bingo“. Auch an den wöchentlichen Teamsitzungen nehmen Sie teil. Ein Tagesordnungspunkt der für heute angesetzten Teamsitzung bezieht sich auf die zurzeit laufenden Angebote. Die Leitung Ihrer Einrichtung erläutert, warum ihr dieser Punkt aktuell besonders am Herzen liegt.

Vor einer Woche haben wir ja unsere neuen Angebote für die Jugendlichen ausgehangen. Bei der Auswertung der Listen, in die sie sich eintragen sollten, ist mir mal wieder aufgefallen, dass sich für die Sport-AG erneut nur Jungen angemeldet haben. Lisa stand zunächst auch auf der Liste, hat sich dann aber doch wieder herausgestrichen und will nun scheinbar lieber bei dem Tanzworkshop mitmachen. Für den haben wir aber ohnehin schon zu viele Anmeldungen, natürlich wie auch im letzten Durchgang nur von den Mädchen.

Wenn man die Jugendlichen außerhalb der Angebote in den Räumen unserer Einrichtung beobachtet, wird auch hier klar, wo sich eindeutige Mädchendomänen und abgrenzbare Jungenterritorien auffinden lassen. Eine Besucherin beschwerte sich zuletzt bei mir, dass bei uns viel zu wenig für die Mädchen angeboten wird. Während die Kreativecke überwiegend von den Mädchen genutzt wird, werden der Computerraum, der Billardtisch und der Werkraum vorrangig von den Jungen in Beschlag genommen. Bei den Jungen kommt es dort auch immer häufiger zu Rangeleien, während ich mir für einige Mädchen wünschen würde, dass sie mehr aus ihrem Schneckenhaus herauskommen und sich mal anderen Aktivitäten gegenüber öffnen könnten. Irgendetwas Neues müssten wir uns da für beide Geschlechter überlegen. Wir haben ja noch zwei Zusatzräume, die zurzeit mehr als Abstellkammer dienen.

Bisher haben wir uns mit diesen Phänomenen in unserer Einrichtung gar nicht auseinandergesetzt. Es wird aus meiner Sicht allerdings höchste Zeit, da neuen Schwung reinzubringen ...

1. Aufgabe

Was stört die Leitung der Jugendfreizeiteinrichtung? Was sollte sich ihrer Meinung nach in der Einrichtung ändern?
Fassen Sie die genannten Kritikpunkte und Änderungswünsche in eigenen Worten zusammen.

2. Aufgabe

Was sollten die Fach- und Assistenzkräfte können und wissen, um die Überlegungen der Leitung umzusetzen?
Formulieren Sie, welche Fähigkeiten und Fertigkeiten (➔ Können) und welche konkreten Inhalte und Wissensbereiche (➔ Wissen) sich das Team aneignen sollte.

Das sollte das Team können ...	Das sollte das Team wissen ...

3. Aufgabe

Was kann das Team konkret im pädagogischen Alltag der Freizeiteinrichtung verändern, um den individuellen Bedürfnissen und Interessen von Mädchen und Jungen gerecht zu werden?
Entwickeln Sie Vorschläge, wie die Räume und Materialien der Einrichtung geschlechterbewusst umgestaltet werden könnten und welche Angebote beide Geschlechter ansprechen würden.

4. Aufgabe

Welche Veränderungen sind am effektivsten und ließen sich am schnellsten in der Freizeiteinrichtung umsetzen?

Tauschen Sie Ihre Überlegungen in der Klasse aus und erstellen Sie eine Rangfolge (z. B. als Hitliste) der gesammelten Ideen.

TIPPS **So geht's in der Praxis**

Jugendfreizeiteinrichtungen sollten ein offener Anlaufpunkt für alle interessierten Jugendlichen sein. Ihre Betreuer vor Ort (Fachkräfte, Assistenten, Ehrenamtliche) beeinflussen die Ausgestaltung von räumlichen und materiellen Rahmenbedingungen und konkreten Angeboten durch ihre Erfahrungen und Vorstellungen, die sie mit ihrer jeweiligen Geschlechterrolle im Laufe des Lebens gesammelt haben. Darum ist es wichtig, den eigenen geschlechtsgeprägten Blick zu erweitern und eine geschlechterbewusste Haltung einzunehmen, um die verfügbare Angebotsvielfalt zu überdenken und bei Bedarf verändern bzw. erweitern zu können. So macht es Sinn, gemeinsam im Team Ideen und Änderungswünsche zu sammeln und hinsichtlich ihrer Bedeutsamkeit und Umsetzbarkeit zu sortieren, um schrittweise den Bedürfnissen beider Geschlechter und den individuellen Interessen aller Jugendlichen gerecht werden zu können.

Inhalte aus dem Band „Sprungbrett Soziales – Sozialassistenz" zu den Themenkomplexen „Professionelle Grundhaltung" sowie „Alltagsbegleitung und Alltagsbetreuung"	
Grundprinzipien einer professionellen Grundhaltung – „Woran kann ich mich in Entscheidungen und Handlungen ausrichten?" (→ ab S. 65)	☐
Assistenz bei der Tagesgestaltung und Freizeit – „Jeden Tag eine gute Idee verwirklichen" (→ ab S. 179)	☐

3 Kommunikation und Sprache

„Kissenschlacht im Entspannungsraum“

Sie arbeiten als Sozialassistentin in der Kindertageseinrichtung „Am grünen Walde“ zusammen mit dem Erzieher Benedikt und der Jahrespraktikantin Meyra in einer Gruppe.

An einem Vormittag erschallen Lärm und ausgelassenes Geschrei aus dem Entspannungsraum, dessen Tür halb geöffnet ist. Sie hören mehrere Kinder, können aber nur einen Jungen, Hamid (4;8), sehen, der mit Kissen um sich wirft und dabei laut „Attacke“ schreit.

Ihnen geht Folgendes durch den Kopf: Gemeinsam mit den Kindern wurde die Regel aufgestellt, dass im Entspannungsraum nicht getobt wird. Zum Toben, Hopsen und für Kissenschlachten gibt es genug andere Möglichkeiten, z. B. den Bewegungsraum. Kinder, die Ruhe suchen, werden durch die wilde Toberei und den Lärm im Entspannungsraum abgeschreckt. Insbesondere die Kleinen könnten Angst bekommen. Sie halten die Ruheregel für sinnvoll und beschließen einzugreifen, als Sie folgende Szene beobachten:

Die Praktikantin Meyra geht zum Entspannungsraum und stößt die Tür energisch auf. Sie sehen nun auch Luca (5;3), der auf zwei übereinandergelegten Matratzen auf und ab springt, Hamids Kissen abfängt und Hamid mit den Kissen zurückbombardiert. Lucy (2;8) hüpft auf einem Kissen und schwingt eine Puppe durch die Luft. Dabei stößt sie Laute wie „hui, hui“ aus.

Zu Anfang bemerken die Kinder die Praktikantin nicht. Doch es wird schlagartig ganz still, als Meyra mit lauter Stimme, die den Lärm der Kinder übertönt, fragend ruft: „Seit wann wird im Entspannungsraum eigentlich getobt, mmmmh?“
Die Kinder blicken mit erschrecktem Gesichtsausdruck zur Praktikantin. Meyra lächelt kopfschüttelnd.
Luca lacht auf und brüllt ebenso laut zurück: „Schon seit immer!“
Hamid wirft sich auf die Matratzen, beginnt auch laut zu lachen und schreit:
„Schon millionentausend Jahre.“
Lucy steht mit gesenktem Kopf wie angewurzelt auf ihrem Kissen. Sie hält ihre Puppe ganz eng an sich gepresst.
Die beiden Jungen beginnen wieder auf der Matratze und den Kissen auf und ab zu springen. Dabei lachen sie und schreien: „Millionentausend, millionentausend!“
Meyra runzelt die Stirn, ihre Lippen sind zusammengepresst.
Sie sagt mit harter Stimme: „Ihr seid aber albern! Könnt ihr zur Abwechslung nicht einmal vernünftig sein? Jetzt ist Schluss. Ihr räumt jetzt die Kissen wieder ordentlich auf. Ich komme gleich noch einmal zurück.“
Lucy geht mit ihrer Puppe hinaus auf den Flur. Die beiden Jungen rollen sich lachend auf den Matratzen hin und her und setzen ihre Kissenschlacht fort.

Meyra kommt auf Sie zu und sagt genervt: „Die hören aber auch gar nicht, oder?“

1. Aufgabe

Was sagt Meyra zu den Kindern und wie reagieren diese darauf? Warum ist Meyra unzufrieden mit dem Ausgang der Situation?
Beschreiben Sie Meyras Kommunikationsverhalten und die Reaktionen der Kinder. Nennen Sie Gründe für Meyras Misserfolg.

2. Aufgabe

Was sollte Meyra können und wissen, um in solch einer Situation souverän zu handeln?
Formulieren Sie, welche Fähigkeiten und Fertigkeiten (→ Können) und welche konkreten Inhalte und Wissensbereiche (→ Wissen) sich Meyra aneignen sollte.

Das sollte Meyra können ...	Das sollte Meyra wissen ...

3. Aufgabe

Wie sollte Meyra den Kindern gegenüber auftreten und was könnte sie zu ihnen sagen?
Formulieren Sie für Meyra eine passendere Aussage und beschreiben Sie, wie sie diese non- und paraverbal untermauern kann.

4. Aufgabe

Wie kann Meyra zukünftig mit Schwierigkeiten in der Kommunikation besser umgehen?
Erproben Sie das von Ihnen empfohlene Kommunikationsverhalten, indem Sie die Handlungssituation nachstellen und noch in weiteren Beispielsituationen anwenden.

TIPPS **So geht's in der Praxis**

Besonders in schwierigen Gesprächssituationen reagieren viele Menschen sehr emotional und unbedacht. Meist sind sie dann umso weniger mit dem Ausgang zufrieden und ärgern sich über sich selbst. Sozialassistenten können ein zunehmend souveränes Kommunikationsverhalten entwickeln, wenn sie bestimmte Gesprächstechniken beachten und ihre Äußerungen aus ihrer Sicht formulieren. Je häufiger sie dies in Gesprächssituationen umzusetzen versuchen, desto schneller verinnerlichen sie solche kommunikativen Muster. Den Erfolg ihres Kommunikationshandelns können sie am Verhalten ihres Gegenübers festmachen. Sind sich beide Parteien einig, welche Absichten die geäußerten Mitteilungen jeweils verfolgen, ist die Kommunikation als gelungen anzusehen.

Inhalte aus dem Band „Sprungbrett Soziales – Sozialassistenz" zum Themenkomplex „Kommunikation – ‚Verstehen wir uns richtig?'"

Miteinander kommunizieren – „Quatschen, Simsen, Chatten & Co." (→ ab S. 78) ☐
- *Grundlagen der Kommunikation*
- *Kommunikationsmodelle*
- *Erfolgreich kommunizieren im Beruf*

Mit unterschiedlichen Zielgruppen kommunizieren und Gespräche führen (→ ab S. 95) ☐

4 Erziehungsstile

„Zwei Gruppenleitungen – zwei Erziehungsstile“

Lara Lewandowski absolviert ihr erstes Praktikum in der Kindertageseinrichtung „Die vier Elemente“. Eine ihrer Praktikumsaufgaben ist es, ihre Erlebnisse und Erfahrungen in einem pädagogischen Tagebuch festzuhalten und daraus bedeutsame Fragestellungen für den eigenen beruflichen Werdegang zu entwickeln. Nach der ersten Woche verfasst sie hierzu folgenden Eintrag:

In der ersten Woche durfte ich in beiden Gruppen der Kita hospitieren. Beide Gruppen werden jeweils von einer älteren Erzieherin geleitet. Schon zu Beginn merkte ich, dass es zwischen den beiden Gruppenleitungen deutliche Unterschiede gibt. Während die eine sehr lieb ist, führt die andere ein strenges Regiment.

In der „Wassergruppe“ ist mir schnell aufgefallen, dass die Gruppenleiterin Sayran immer für die Kinder da ist, ihnen aber auch nichts abschlagen kann. Da es ihr auch schwerfällt, sich durchzusetzen, herrscht oft ein ziemliches Chaos. So passiert es häufig, dass die Kinder trotz wiederholter Aufforderung nicht zum Sitzkreis kommen. Dann gibt Sayran manchmal auf und versucht es später noch einmal. Die Kinder sind sehr unruhig und manchmal erscheinen sie etwas unzufrieden. Jedenfalls gelingt es ihr häufig nicht, die Kinder in eine bestimmte Richtung zu lenken. Allerdings zeigt sie eine herzliche Wärme und im Grunde mögen alle Kinder ihre Sayran sehr. Sie sitzen gern auf ihrem Schoß und schmusen mit ihr. Sayran ist einsame Spitze im Trösten! Keine wie sie kann ein Kind in den Arm nehmen, es in seiner Traurigkeit oder seinem Frust auffangen und neuen Mut geben. Wenn da nur das Chaos in der Gruppe nicht wäre ...

Ganz anders sieht es in der „Feuergruppe“ aus. Die Kollegin Christine tritt dort sehr dominant auf. So reichen oft ihre tiefe laute Stimme und eine Anweisung und die Kinder kuschen. In der Gruppe läuft alles wie am Schnürchen. Allerdings wirkt sie auch etwas unterkühlt und wenig herzlich. Der Gruppenraum ist immer absolut aufgeräumt, der Geräuschpegel niedrig. Die Kinder erscheinen mir jedoch teilweise ein wenig verängstigt und eingeschüchtert. Selten wendet sich ein trauriges Kind an Christine. Eher geht es zu einer Kollegin. „Warum darf ich denn nicht in die Turnhalle?“, fragte ein Junge sie diese Woche ganz traurig. „Weil ich es so sage!“, hat Christine nur kurz und knapp darauf geantwortet. Geholfen hat ihm die Antwort wohl kaum. Grundsätzlich hinterfragen die Kinder der „Feuergruppe“ die Regeln auch nicht. Die meisten halten sich an diese, nur wenige versuchen hier und da zu rebellieren. Weit kommen sie eh nicht, denn kurz darauf folgt meist eine Strafe. Zwei Mädchen, die ihr Besteck und Geschirr nach dem Frühstück nicht abgeräumt hatten, durften den ganzen Vormittag über als Einzige nicht nach draußen. Am nächsten Tag jedoch waren sie die Ersten, die alles abräumten und dann auch noch den Tisch abputzten.

Für mich stellt sich nach der ersten Woche schon die Frage, welches Erzieherinverhalten ich für sinnvoller oder richtig halte bzw. wie ich mich als zukünftige Sozialassistentin den Kindern gegenüber verhalten möchte. Das ist gar nicht so leicht zu beantworten, finde ich ...

1. Aufgabe

Welche Unterschiede zwischen dem erzieherischen Handeln von Sayran und Christine lassen sich aus Laras Beobachtungen festmachen?
Stellen Sie die Besonderheiten beider Erziehungsstile einander gegenüber.

2. Aufgabe

Was sollte die Praktikantin Lara können und wissen, um ein eigenes Erziehungshandeln zu entwickeln? Formulieren Sie, welche Fähigkeiten und Fertigkeiten (→ Können) und welche konkreten Inhalte und Wissensbereiche (→ Wissen) sich Lara aneignen sollte.

Das sollte Lara können ...	Das sollte Lara wissen ...

3. Aufgabe

Welche Erziehungsstile verfolgen die beiden Gruppenleitungen Sayran und Christine? Welches Erziehungshandeln sollte Lara für sich selbst wählen und wie sollte sie sich dabei den Kindern gegenüber verhalten?
Bestimmen Sie **a** die beschriebenen Erziehungsstile und zeigen Sie **b** auf, welches Erziehungshandeln grundsätzlich zu bevorzugen ist.

a Erziehungsstile von Sayran und Christine

b Empfohlenes Erziehungshandeln

4. Aufgabe

Warum ist dieser Erziehungsstil (siehe Aufgabe 3) die richtige Wahl für Lara? Wie kann sie die Wirksamkeit ihres erzieherischen Handelns überprüfen?
Zeigen Sie die Vorzüge des gewählten Erziehungsstiles auf. Erproben Sie das damit einhergehende Erziehungshandeln in einer Beispielsituation aus dem pädagogischen Alltag.

TIPPS **So geht's in der Praxis**

Pädagogisch Tätige haben im Laufe ihrer beruflichen Entwicklung einen bestimmten Erziehungsstil verinnerlicht, der sich aus ihrer Sicht in der Praxis bewährt hat und/oder besonders ihren Charaktereigenschaften, Wertevorstellungen und ihrer grundsätzlichen Lebenshaltung entspricht. Ausgangspunkt erzieherischen Handelns sollte jedoch vorrangig das Kind mit seinen individuellen Merkmalen, Fähigkeiten und Bedürfnissen sein. Sich so gut wie möglich auf dieses Individuum einzustellen, ist die größte Herausforderung für jede pädagogische Fachkraft und die sie unterstützenden Assistenzkräfte. Eigene Verhaltensmuster gilt es zu hinterfragen, zu ändern und zu optimieren. Dies geschieht durch eine bewusste Auseinandersetzung mit dem eigenen Erziehungshandeln und durch einen regelmäßigen Abgleich der Selbst- und Fremdwahrnehmung im Austausch mit Kollegen.

Inhalte aus dem Band „Sprungbrett Soziales – Sozialassistenz" zum Themenkomplex „Verhalten des Menschen – ‚Warum bin ich, wie ich bin?'"

Kinder erziehen – „Großziehen oder wachsen lassen?" (→ ab S. 128)
- *Erziehung*
- *Erziehungsstile*

5 Lerntheorien

„Schlafenszeit“

Es ist 13.00 Uhr und somit Zeit für den Mittagsschlaf in der U3-Gruppe der Kindertageseinrichtung „Am Rosenhang“. Die pädagogischen Fachkräfte machen die Kinder nacheinander fertig, um sie im Ruheraum hinzulegen.

Nur Nico (2;4) scheint noch nicht ins Bett gehen zu wollen. Während die anderen Kinder gewickelt und teilweise aus- und umgezogen werden, fängt er im Gruppenraum an, eine Kiste mit Bauklötzen auszuräumen. Sozialassistentin Betül ruft ihn aus dem Waschraum zu sich, doch er reagiert nicht.
Auch als Betül zu ihm geht und ihm erklärt, dass nun Schlafenszeit sei, ignoriert er sie und stapelt die Klötze weiter aufeinander. Schließlich beginnt sie damit, die Klötze zurück in die Kiste zu räumen, woraufhin Nico anfängt zu weinen. Betül erklärt ihm erneut, dass er jetzt das Spielen beenden müsse, weil sich alle Kinder etwas ausruhen sollen. Nico schüttelt jedoch den Kopf, schaut Betül mit großen traurigen Augen an und bittet: „Noch ein bisschen.“ Betül lässt Nico weiterspielen und geht zunächst mit einem anderen Kind in den Waschraum. Währenddessen holt sich Nico eine weitere Kiste mit Fahrzeugen dazu. Betül startet einen weiteren Versuch und ruft Nico zu sich, der erneut nicht reagiert. Dieses Mal betritt Betül den Gruppenraum schnellen Schrittes und schimpft mit Nico, da er eine weitere Kiste ausgeräumt hat, obwohl er weiß, dass er das Spielen längst beenden sollte. Sie nimmt Nico die Fahrzeuge aus der Hand und trägt ihn wild strampelnd in den Waschraum.

Nico weint noch lauter und versucht sich aus ihrem Griff zu befreien. Sichtlich verzweifelt lässt Betül Nico wieder herunter und erlaubt ihm, zwei Fahrzeuge mit in den Schlafraum zu nehmen, wenn er sich jetzt endlich in sein Bett legt. Mit einem Lächeln läuft er zurück in den Gruppenraum und durchstöbert die Kiste nach zwei geeigneten Fahrzeugen. Betül wartet ungeduldig an der Tür auf ihn. Er lässt sich viel Zeit beim Aussuchen, scheint dann zwei Fahrzeuge gefunden zu haben und geht fröhlich mit Betül zum Schlafraum hinüber. Dort legt sich Nico in sein Bett, steht nach kurzer Zeit wieder auf und verkündet, er wolle noch nicht schlafen, sondern lieber mit seinen beiden Fahrzeugen spielen. Einige der jüngeren Kinder setzen sich plötzlich auch auf und schauen neugierig zu Nico herüber. Betül überzeugt Nico davon, sich wieder hinzulegen, indem sie ihm leise ins Ohr flüstert, dass er nach dem Aufstehen auch einen Lutscher von ihr bekommt, wenn er jetzt endlich einschläft. Nico krabbelt prompt unter die Decke, sodass Betül sichtlich erleichtert beginnt, für alle ruhenden Kinder eine Einschlafgeschichte vorzulesen.

Nach den ersten Zeilen steht Nico aber erneut auf, weil er angeblich auf die Toilette muss. Als Betül ihm damit droht, dass er, wenn er noch einmal aufsteht, später nicht mit nach draußen könne, legt er sich widerwillig hin und schläft nach kurzer Zeit ein. Da ist es schon 13.30 Uhr. Sichtlich genervt überlässt sie die restliche Schlafwache der Jahrespraktikantin mit den Worten: „Super, meine Mittagspause ist jetzt auch schon fast rum.“

1. Aufgabe

Wie verhält sich Nico und wie reagiert die Sozialassistentin Betül darauf?
Beschreiben Sie die jeweiligen Verhaltensweisen beider Personen.

2. Aufgabe

Was sollte die Sozialassistentin Betül im Umgang mit Nico können und wissen?
Formulieren Sie, welche Fähigkeiten und Fertigkeiten (→ Können) und welche konkreten Inhalte und Wissensbereiche (→ Wissen) sich Betül aneignen sollte.

Das sollte Betül können ...	**Das sollte Betül wissen ...**

3. Aufgabe

Begründen Sie Nicos Verhalten mithilfe einer passenden Lerntheorie und zeigen Sie für Betül pädagogische Handlungsmöglichkeiten auf.

4. Aufgabe

Wie wirken sich Betüls Handlungsalternativen auf Nicos Verhalten aus?
Stellen Sie die Beispielsituation nach und wenden Sie dabei die alternativen Handlungsmöglichkeiten an.

TIPPS **So geht's in der Praxis**

Bei den Lernprozessen eines Kindes spielen die Reaktionen der Betreuer eine große Rolle. Sie begünstigen oder mindern bestimmte Verhaltensweisen des Kindes. Eine Sozialassistentin kann dabei auf verschiedene Möglichkeiten zurückgreifen, die (immer im Sinne einer positiven Grundhaltung) aus pädagogischer Sicht unterschiedlich gewertet werden können. Auch muss sie sich ihrer eigenen Rolle als Modell für kindliches Lernen bewusst werden. Ihr einfühlsames, aber auch konsequentes Erziehungshandeln trägt dazu bei, dass das Kind bestimmte Lernwege beschreitet und auf Dauer erwünschte Verhaltensweisen verinnerlicht.

Inhalte aus dem Band „Sprungbrett Soziales – Sozialassistenz" zum Themenkomplex „Verhalten des Menschen – ‚Warum bin ich, wie ich bin?'"

Lerntheorien – „Wie lernen Menschen Verhalten?" (→ ab S. 138)
- *Klassische Konditionierung oder Signallernen*
- *Das operante Konditionieren oder Lernen durch Verstärkung*
- *Lernen durch Beobachtung*
- *Lernen durch Einsicht*

6 Interkulturelle Kompetenz

„Herr Gürel ist unhöflich“

Pia arbeitet seit sechs Wochen als Sozialassistentin im Kindergarten „Windspiel“. Zusammen mit ihrer Kollegin Esther hat sie den Elternabend organisiert. Der Elternabend ist für Dienstag um 17.30 Uhr geplant. Gemeinsam mit dem Praktikanten Paul wurden ein Stuhlkreis vorbereitet sowie Getränke, Gummibärchen und Nüsse für die Eltern bereitgestellt. Pia ist sehr aufgeregt. Sie nimmt zum ersten Mal an solch einem Abend teil.
Nach und nach kommen die Eltern an. Sie werden am Gruppeneingang mit einem freundlichen „Hallo“ und einem Händedruck begrüßt.

Als Herr Gürel, Vater des türkischen Kindes Emre, kommt, gibt er Paul die Hand. Pia und Esther sagt er lediglich „Hallo“ und nimmt dann im Stuhlkreis Platz.
In der Pause stehen alle Eltern am Büffet und bedienen sich. Pia merkt, dass Herr Gürel etwas abseits steht. Sie nimmt die Schale mit den Gummibärchen und bietet ihm welche an. Herr Gürel lehnt mit den Worten: „Nein, vielen Dank“ freundlich, aber bestimmt ab. Auch die Nüsse, die ihm Pia anbietet, werden von Herrn Gürel abgelehnt.
Gegen 18.00 Uhr verlässt Herr Gürel plötzlich für eine Weile den Raum. Nach einer halben Stunde kommt er zurück und setzt sich wieder auf seinen Stuhl.
Nach dem Elternabend, bei der Verabschiedung, reicht Herr Gürel auch wieder nur Paul die Hand.

Beim Aufräumen entwickelt sich folgendes Gespräch zwischen Pia und Paul:

Pia: „Findest du nicht auch, dass Herr Gürel sehr unhöflich war?“

Paul: „Warum?“

Pia: „Mich hat es gewundert, dass er nur dir die Hand gegeben hat. Und auch die Snacks hat er abgelehnt.“

Paul: „Ich weiß gar nicht, was du hast. Bist du sauer, weil er dich nicht beachtet hat?

Pia: „Nein, ich finde das einfach nur unhöflich. Außerdem ist er zwischendurch einfach rausgegangen. Das hat doch kein anderer gemacht.“

Dann schaltet sich Esther ein und sagt: „Ich denke ja, das hängt mit seiner Kultur zusammen.“

Pia sagt daraufhin: „Multikulti, das ist schon schwierig.“

1. Aufgabe

Wie verhält sich Herr Gürel beim Elternabend? Wie verhalten sich die pädagogischen Kräfte des Kindergartens „Windspiel“?
Beschreiben Sie das Verhalten von Herrn Gürel ganz konkret. Welche seiner Verhaltensweisen irritieren Pia? Benennen Sie diese kurz.

2. Aufgabe

Was sollte Pia zum Thema „Interkulturelle Kompetenz“ können und wissen, um Herrn Gürel besser zu verstehen und mit ihm in Kontakt zu kommen?
Formulieren Sie, welche Fähigkeiten und Fertigkeiten (→ Können) und welche konkreten Inhalte und Wissensbereiche (→ Wissen) sich Pia aneignen sollte.

Das sollte Pia können ...	Das sollte Pia wissen ...

3. Aufgabe

Welche Bedeutung hat interkulturelle Kompetenz im pädagogischen Alltag?
Beschreiben Sie, was das Team des Kindergartens „Windspiel" konkret tun könnte, um dieser Anforderung gerecht zu werden.

4. Aufgabe

Wie kann Pia zukünftig mit Schwierigkeiten im interkulturellen Bereich besser umgehen?
Diskutieren Sie mit Ihren Mitschülern, wie Pia ihr erworbenes Wissen und Können zum Thema „Interkulturelle Kompetenz" auf Alltagstauglichkeit prüfen könnte.

TIPPS So geht's in der Praxis

Das Wissen um fremde Kulturen ist aus dem pädagogischen Alltag nicht mehr wegzudenken. Daher ist es wichtig, sich interkulturelle Kompetenzen anzueignen und diese zu beherrschen. Als Sozialassistentin bedeutet dies, dass ich mich fortbilden und immer wieder selbst reflektieren muss. Es bedeutet auch, dass ich eben mal Dinge aushalten muss, die „bei uns" eigentlich ganz anders sind. Pädagogische Fachkräfte wie auch deren unterstützende Assistenten stehen in ständiger Beziehung zu ihrer Klientel. Diese Beziehung sollte vertrauensvoll und authentisch sein. Im konkreten Alltag gibt es viele Möglichkeiten, Interkulturalität zu leben. Durch Gespräche und Evaluationen kann ich den Erfolg meiner Methoden regelmäßig abfragen.

Inhalte aus dem Band „Sprungbrett Soziales – Sozialassistenz" zu den Themenkomplexen „Berufsmotivation" sowie „Professionelle Grundhaltung"

Kompetenzerwerb in der Ausbildung – „Der ganze Mensch ist gefragt" (→ ab S. 28)
- *Berufsspezifischer Kompetenzerwerb*

Vielfältige Lebenswelten – „Woran soll ich mich orientieren, wenn alle Menschen und ihre Leben so unterschiedlich sind?" (→ ab S. 66)
- *Auseinandersetzung mit den eigenen Vorurteilen*

7 Bildungs- und Beschäftigungsangebote für Menschen mit Behinderung

„Bianca weint"

Sie arbeiten als Sozialassistentin in der Tagesförderstätte „Regenbogen" für Menschen, die (noch) nicht bzw. nicht mehr in einer Werkstatt für behinderte Menschen arbeiten können. Die Klienten erfahren durch die zwei Lebensbereiche Wohngruppe und Tagesförderstätte das Zwei-Milieu-Prinzip und damit Abwechslung und Struktur im Alltag. In der Gruppe arbeiten Sie als Sozialassistentin mit dem Heilerziehungspfleger Marc und der Kunsttherapeutin Maria zusammen.

Am Morgen kommen die Klienten meist mit dem Bus an, viele sind auf einen Rollstuhl angewiesen. Jeder wird begrüßt und gefragt, wie es ihm heute geht. Einige antworten meist langsam, andere lächeln oder verziehen das Gesicht als Antwort und andere zeigen über die Körpersprache, was sie möchten, denn nicht alle Klienten können sich verbal äußern. So versammeln sich nach und nach alle erst einmal in der Küche.
Um 10.00 Uhr beginnen die Angebote für den Vormittag, heute „Mit Maria Perlen aus Pappmaché formen und Perlen auffädeln" oder „Mit Marc Musik hören und vorlesen". Gemeinsam unterstützen Sie die Klienten dabei, die richtigen Räume aufzusuchen, und sorgen noch für die Getränke. Sie nehmen Bianca mit in die Perlenwerkstatt und nun kann es losgehen. Plötzlich bemerken Sie, dass Bianca leise weint. Ihnen geht Folgendes durch den Kopf: Bianca weint. Was hat sie nur? Wie kann ich sie unterstützen?

Maria reagiert heute sehr ungehalten. „Bianca, was ist los? Hier wird nicht geheult. Komm, willst du heute Perlen auffädeln oder Perlen formen?" Als Bianca nicht mit Weinen aufhört, stellt Maria ihr ein Schälchen mit Perlen auf den Tisch. „Hier, du kannst die Farben aussuchen und dann als Kette auffädeln." Als Maria sich umdreht, fegt Bianca das Schälchen mit den Perlen mit dem Arm vom Tisch. Maria dreht sich um und schimpft: „Dann kannst du heute nicht mit uns hier in der Perlenwerkstatt bleiben." Mit einem Ruck löst sie die Bremsen des Rollstuhls und schiebt Bianca zu Marc in den Raum mit dem Musik- und Vorleseangebot. „Was ist los?", fragt Marc, als die beiden reinkommen. „Ich habe keine Ahnung, Bianca macht Stress!", antwortet Maria und verlässt wieder den Raum. „Lass uns später darüber sprechen", ruft Marc ihr noch hinterher. Dann ist die Tür zu. Marc macht leise Musik an und streicht Bianca behutsam über den Arm.

Im Team wird immer wieder darüber gesprochen, welche Angebote sich für die Klienten eignen könnten. Etwas zu finden, mit dem möglichst viele Teilnehmer etwas anfangen können, ist nicht so einfach. So gibt es Angebote, die eher Männer oder eher Frauen ansprechen. Auch das Alter der Teilnehmer und die damit verbundenen ganz unterschiedlichen Ressourcen, Interessen und Fähigkeiten spielen eine Rolle.
Das Personal reicht jeweils für zwei parallele Angebote am Vormittag und am Nachmittag. Deshalb gibt es einen Wochenplan, auf dem die Angebote dargestellt sind, aber sie wechseln selten. Eigentlich müssten auch die Klienten nach ihren Wünschen und Vorstellungen gefragt werden, um ihnen dann Angebote zu machen, aus denen sie auswählen können. Aber wie könnte das gehen?

1. Aufgabe

Warum weint Bianca? Und wie reagiert Maria darauf?
Nennen Sie mögliche Gründe für Biancas Weinen. Beschreiben Sie Marias Reaktion auf das Weinen und das Verhalten von Bianca.

2. Aufgabe

Was sollten Maria und Marc können und wissen, um die Situation zu verstehen und neue Handlungsmöglichkeiten zu entwickeln?
Formulieren Sie, welche Fähigkeiten und Fertigkeiten (→ Können) und welche konkreten Inhalte und Wissensbereiche (→ Wissen) sich Maria und Marc aneignen sollten.

Das sollten Maria und Marc können ...	Das sollten Maria und Marc wissen ...

3. Aufgabe

Wie könnte die Tagesförderstätte die Angebotsplanung überarbeiten, damit die Angebote auf die Klienten gut abgestimmt und vielfältiger sind?
Recherchieren Sie zu fünf der genannten Arbeitsfelder, welche niederschwelligen Angebote in einer Tagesförderstätte angeboten werden könnten, um Vielfalt und Abwechslung sowie Beschäftigung und Bildung zu ermöglichen. Formulieren Sie konkrete Angebote.

Arbeitsfeld	Angebot
Umgang mit Stiften, Farben, Malwerkzeugen	
Umgang mit Stoff und Wolle	
Umgang mit Papier	
Umgang mit Stempeln und Druckverfahren	
Umgang und Arbeit mit Holz	
Computer nutzen	
Medien bedienen und einsetzen (z. B. Foto, Film, Audio)	
Sprachen (z. B. Englisch, Gebärden) lernen mit Musik und Bildern	
Musik/Rhythmik und Geräusche/Klänge – Instrumente wahrnehmen und anschlagen	
Arbeit mit Texten: hören, gestalten, vertonen, selbst verfassen	
Meisterköche: kochen, backen, servieren, essen	
Das bin ich: schminken, kleiden, schmücken, wohnen – wie es mir gefällt	

4. Aufgabe

Wie kann in der Tagesförderstätte in Zukunft mit Wünschen und Erwartungen der Klienten besser umgegangen werden?

Entwickeln Sie einen Fragebogen mit Symbolen oder Abbildungen für Ihre Angebotsideen. Stellen Sie die Angebote zur Wahl und planen Sie anschließend in Teams die ausgewählten Angebote nach dem Planungsraster von Seite 184 im Fachbuch. Reflektieren Sie, welchen Einfluss die Wahlmöglichkeit auf den Erfolg der Angebote hatte.

Fragebogen für die Auswahl von Angeboten

Bild oder Symbol	Angebot	Das möchte ich wählen (Name)

TIPPS **So geht's in der Praxis**

Besonders Menschen mit Behinderung haben oft nicht die Möglichkeit, ihren Wünschen, Vorstellungen und Interessen zu folgen. Etwa weil sie keine Bedarfe äußern (können) oder weil die Rahmenbedingungen dagegensprechen. So arbeiten in der Wohngruppe und in der Werkstatt, in der Schule oder in der Förderstätte meist wenige Betreuer mit mehreren Menschen (gleichzeitig). Die individuelle Entwicklungsmöglichkeit und klientenzentrierte Begleitung, die den Einzelnen wahrnimmt und respektiert, sind Ziele in Einrichtungen der Behindertenhilfe. Die Aufgabe der Betreuer besteht darin, herauszufinden, was der Klient möchte. Dazu werden in der Praxis verschiedene Instrumente eingesetzt. Auf der Basis von Beobachtung und Kommunikation können Vorschläge für Bildung und Beschäftigung entwickelt, als Angebote formuliert und angeboten werden. Ein Fragebogen mit Symbolen ist hierfür ein einfaches wie wirksames Instrument, das den Klienten ernst nimmt. Das Ausfüllen kann auch mit Assistenz gelingen.

Inhalte aus dem Band „Sprungbrett Soziales – Sozialassistenz" zum Themenkomplex „Beschäftigung und Bildungsangebote – ‚Mehr als Sport, Spiel und Spaß'"

Bedeutung von Beschäftigung und Bildung – „Warum ist es wichtig, etwas zu tun." (→ ab S. 182) ☐

Planung und Durchführung von Angeboten – „Wir haben heute etwas vor" (→ ab S. 183) ☐
- *Strukturierte Angebotsplanung*

Beschäftigungs- und Bildungsangebote für Menschen mit Behinderung – „Die gleichen Chancen und Möglichkeiten auf Teilhabe" (→ ab S. 193) ☐
- *Unterstützung und Begleitung von Menschen mit Behinderung*
- *Aktivitäten und Angebote für Menschen mit Behinderung*

8 Bewegungssystem und Mobilisation

„Wer rastet, der rostet“

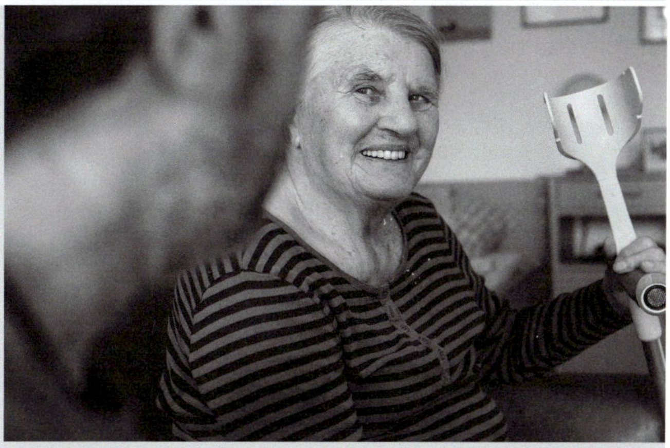

Im Seniorenzentrum „Zur grünen Wiese“ leben 120 Bewohner mit unterschiedlichen Pflegegraden auf sechs Wohnbereichen. Das Pflegeheim ist idyllisch gelegen. Ihren Namen hat die Einrichtung dem großen Außengelände mit den vielen liebevoll angelegten Blumenrabatten und Kräuterhochbeeten zu verdanken.

René, 18 Jahre alt, ist seit zwei Wochen im Praktikum. Heute Morgen geht René zuerst zu Frau Werner ins Zimmer, um sie bei der morgendlichen Grundpflege zu unterstützen.

Da er Frau Werner noch nicht kennt, erkundigt er sich bei seiner Kollegin Nadine über die Bewohnerin. Diese erklärt: „Frau Werner ist erst seit ein paar Tagen bei uns im Seniorenzentrum. Zuvor lag sie mehrere Wochen im Krankenhaus, da sie sich bei einem schweren Sturz in ihrer Wohnung den Oberschenkel kompliziert gebrochen hatte. Die Arme wurde erst Stunden später gefunden, da sie ja allein lebt, seit ihr Mann letztes Jahr verstorben ist. Kinder oder andere Angehörige hat sie nicht. Ihr Ein und Alles waren ihr Mann und ihr Garten. Na, und die Gartenarbeit hat sich ja wohl jetzt erledigt, nach dem Bruch ... Und da sie Osteoporose diagnostiziert bekommen hat, wird es bei dem einen Bruch wohl auch nicht bleiben.“

René hat noch viele Fragen, aber er muss nun zu Frau Werner ins Zimmer. „Guten Morgen, Frau Werner! Ich bin René, ich helfe Ihnen heute früh. Kommen Sie nach dem Waschen mit in den Gemeinschaftsraum? Es gibt auch lecker Joghurt zum Frühstück und später zur Zwischenmahlzeit Milch und Orangen.“ Frau Werner ist freundlich, wirkt aber immer wieder auch traurig und zurückgezogen: „Ach nein, ich gehe nach dem Waschen lieber wieder ins Bett und lege mein Bein hoch. Ich kann mich eh kaum bewegen. Ich kenne da vorn sowieso keinen. Und Milchprodukte esse ich nicht gern. Ich bleibe einfach den ganzen Tag hier, machen Sie sich nur keine Umstände.“

Da René die Wünsche der Bewohnerin berücksichtigen möchte, lässt er es damit auf sich beruhen und bringt Frau Werner nach der Grundpflege ein Brot mit Wurst ans Bett. Altenpflegerin Nadine beobachtet dies und ruft ihm verärgert über dem Gang zu: „Was machst du denn da? Ich habe dir doch von Frau Werners Krankheitsbild erzählt. Sie muss aus ihrem Bett und auch Zimmer raus, sich bewegen, wieder fit werden, und vor allem viele Milchprodukte zu sich nehmen, wegen des Calciums! Das muss dir doch wohl klar sein?!?“
Verwirrt und traurig weiß René gar nicht, was er antworten soll, und murmelt leise: „Ich hab´s doch nur gut gemeint ...“

1. Aufgabe

Wie handelt René in der beschriebenen Situation? Welche Probleme sehen Sie in seinem Handeln? Wie verläuft die anschließende Kommunikation mit seiner Kollegin? Warum ist Frau Werner traurig und zurückgezogen?
Beschreiben Sie das pflegerische Handeln von René und die Reaktion seiner Kollegin Nadine. Nennen Sie Gründe für den Ausgang der Situation.

2. Aufgabe

Was sollte René können und wissen, um in solch einer Situation richtig zu handeln?
Formulieren Sie, welche Fähigkeiten und Fertigkeiten (→ Können) und welche konkreten Inhalte und Wissensbereiche (→ Wissen) sich René aneignen sollte.

Das sollte René können ...	Das sollte René wissen ...

3. Aufgabe

Was sollte René bei Frau Werner beachten? Wie sollte er das Gespräch mit Nadine führen? Wie kann René auf die Bedürfnisse aller Beteiligten eingehen?
Formulieren Sie für René Handlungsalternativen in den beschriebenen Situationen.

... im Umgang mit Frau Werner:

... im Gespräch mit Kollegin Nadine:

... bezüglich der Bedürfnisse aller Beteiligten:

4. Aufgabe

Wie kann René zukünftig auf die Wünsche von Bewohnern eingehen, ohne das pflegerische Ziel aus den Augen zu lassen?
Erproben Sie das von Ihnen empfohlene Verhalten, indem Sie die Handlungssituation nachstellen und noch in weiteren Beispielsituationen anwenden.

TIPPS **So geht's in der Praxis**

Sozialassistenten begleiten und unterstützen im pflegerischen Tätigkeitsfeld ältere Menschen in der Bewältigung ihres Alltags. Um ressourcen- und bewohnerorientiert zu handeln, beachten sie dabei stets die individuellen Bedürfnisse und Vorlieben des Bewohners. Persönliche Interessen und Hobbys, die im Rahmen von persönlichen Gesprächen und Biografiearbeit herausgefunden werden, bilden die Grundlage für individuelle Angebote zur Betreuung und Förderung. Dabei sollte das pflegerische Ziel, die Gesundheit des Menschen zu fördern und zu erhalten, jedoch nicht aus den Augen verloren werden. Als Sozialassistent kennen Sie Ursachen und Risiken unterschiedlicher Krankheitsbilder des Bewegungsapparates und können in Absprache mit der Pflegefachkraft geeignete Maßnahmen zum Wohle des Bewohners auswählen.

Inhalte aus dem Band „Sprungbrett Soziales – Sozialassistenz" zum Themenkomplex „Stütz-und Bewegungsapparat – ‚Wer rastet, der rostet'"	
Bewegungsapparat – „Starke Knochen mit Schwung" (→ S. 280)	☐
Besonderheiten und Erkrankungen des Stütz- und Bewegungsapparates (→ S. 286) ▪ *Osteoporose*	☐
Pflegerische Unterstützung bei der eingeschränkteren Mobilität – „Nichts so können, wie man möchte" (→ S. 289) ▪ *Bewegungsübungen* ▪ *Transfertechniken*	☐
Prophylaxen (→ S. 304) ▪ *Sturzprophylaxe*	☐
Beschäftigungs- und Bildungsangebote für ältere Menschen – „Ich will noch was erleben" (→ S. 187)	☐
Unterstützungen bei der Haut- und Körperpflege – „Eine Hand wäscht die andere" (→ S. 409)	☐
Grundprinzipien einer professionellen Grundhaltung – „Woran kann ich mich in Entscheidungen und Handlungen ausrichten?" (→ S. 65)	☐
Mit unterschiedlichen Zielgruppen kommunizieren und Gespräche führen – „Mit wem sprichst du?" (→ S. 95)	☐

9 Körperpflege und eigene Gesunderhaltung

„Man merkt's echt in den Knochen."

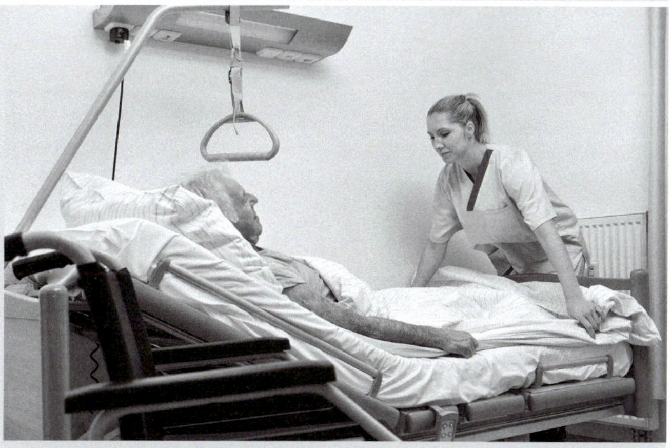

Ihr Berufspraktikum im Tätigkeitsfeld Pflege absolviert die angehende Sozialassistentin Julia (17 Jahre) in der Seniorenresidenz „Bürgerwiese". Heute hat sie mal wieder Frühdienst. Und nicht nur das, es ist auch schon ihr elfter Frühdienst in Folge.

Wie immer ist sie allein für einen der drei Flure auf dem Wohnbereich verantwortlich. Hier leben zwölf Bewohner mit unterschiedlichen Pflegegraden und Bedürfnissen.

Es ist 8.00 Uhr und Julia hat bereits gut die Hälfte der ihr zugewiesenen Bewohner begrüßt und ihnen bei der morgendlichen Körperpflege assistiert. Als Nächster ist Herr Streller an der Reihe. Nach einem Apoplex ist der 89-Jährige bettlägerig, die Grundpflege muss vollständig übernommen werden.

Julia macht sich an die Arbeit, nachdem sie alle benötigten Pflegemittel auf dem Pflegewagen vorbereitet hat.

Sie betritt das Zimmer, geht zum Fenster, öffnet die Vorhänge und begrüßt den Bewohner: „Guten Morgen, Herr Streller! Na, gut geschlafen? Ich würde Sie jetzt gern ein bisschen frisch machen, also Morgentoilette und so." Sie beugt sich zu Herrn Streller hinunter und beginnt ihn zu waschen ...

„Mensch, helfen Sie doch mal bitte ein bisschen mit, ich mache mich hier voll kaputt!", zischt sie plötzlich den Bewohner gestresst an und bringt die Grundpflege schnell zu Ende.
Damit er nicht wundliegt, lagert sie Herrn Streller anschließend auf seine rechte Seite. Sie sammelt alle Utensilien zusammen, öffnet die Gardinen und auch das Fenster für eine kurze Lüftung. „Das komme ich nachher gleich wieder zumachen", ruft sie Herrn Streller zu.

Als Julia aus dem Zimmer kommt, trifft sie auf ihren Kollegen Carsten. „Puh, das war ganz schön anstrengend. Nach zehn Diensten merkt man es echt in den Knochen." Julia hält sich schmerzverzerrt den Rücken. Ihr Kollege erwidert nur kurz angebunden: „Tja, da müssen wir alle durch. Und du hast ja noch ein paar Jahre vor dir!"

Verdutzt und verärgert über diese Aussage geht Julia weiter ins nächste Bewohnerzimmer. Schließlich hat sie noch einiges zu tun.

1. Aufgabe

Wie handelt Julia in der beschriebenen Situation? Welche Probleme sehen Sie in ihrem Handeln? Wie verläuft die anschließende Kommunikation mit ihrem Kollegen? Warum hat Julia Schmerzen?
Beschreiben Sie das pflegerische Handeln von Julia und die Reaktion ihres Kollegen Carsten. Nennen Sie Gründe für den Ausgang der Situation.

2. Aufgabe

Was sollte Julia können und wissen, um in solch einer Situation richtig zu handeln?
Formulieren Sie, welche Fähigkeiten und Fertigkeiten (→ Können) und welche konkreten Inhalte und Wissensbereiche (→ Wissen) sich Julia aneignen sollte.

Das sollte Julia können ...	Das sollte Julia wissen ...

3. Aufgabe

Wie sollte Julia die Grundpflege bei Herrn Streller durchführen? Wie sollte sie das Gespräch mit Carsten führen? Wie kann sich Julia vor Schmerzen zukünftig schützen?
Formulieren Sie für Julia Handlungsalternativen in den beschriebenen Situationen.

4. Aufgabe

Wie kann Julia zukünftig mit Schwierigkeiten bei der Grundpflege bettlägeriger Bewohnern besser umgehen?
Erproben Sie das von Ihnen empfohlene Verhalten, indem Sie die Handlungssituation nachstellen und in weiteren Beispielsituationen anwenden.

TIPPS **So geht's in der Praxis**

Unter anderem unterstützen Sozialassistenten in der pflegerischen Praxis Altenpfleger bei der Durchführung der Grundpflege von älteren Menschen. Dabei ist es besonders bei bettlägerigen Bewohnern wichtig, ressourcen- und bewohnerorientiert zu handeln und die Pflege nach deren Bedürfnissen zu gestalten. In Altenpflegeheimen ist eine Pflegekraft häufig für eine Vielzahl von Bewohnern zuständig. Dabei ist es sehr wichtig, dieses hohe Arbeitspensum und den damit verbundenen Zeitdruck nicht zulasten der Bewohner auszulegen, sondern z. B. durch gegenseitige Unterstützung im Team allen Beteiligten eine angenehme Pflegesituation zu ermöglichen. Die Beachtung rückengerechter Arbeitsweisen ist dabei unerlässlich. Einige Pflegeheime bieten hierzu Fortbildungskurse für Mitarbeiter an, um für das Thema zu sensibilisieren und die Gesunderhaltung im Team zu fördern.

Inhalte aus dem Band „Sprungbrett Soziales – Sozialassistenz“ zu den Themenkomplexen „Unterstützungen bei der Haut- und Körperpflege“ sowie „Stütz- und Bewegungsapparat“	
Unterstützungen bei der Haut- und Körperpflege – „Eine Hand wäscht die andere“ (→ ab S. 409) ▪ *Unterstützung von Pflegebedürftigen bei der Körperpflege im Bett*	☐
Grundprinzipien einer professionellen Grundhaltung – „Woran kann ich mich in Entscheidungen und Handlungen ausrichten?“ (→ ab S. 65)	☐
Gesundheit und Krankheit als Teile des Lebens – „Hauptsache, gesund.“ (→ ab S. 260) ▪ *Einflüsse auf die Gesundheit – „Was hält mich gesund, was macht mich krank?“*	☐
Pflegerische Unterstützung bei der eingeschränkteren Mobilität – „Nichts so können, wie man möchte“ (→ ab S. 289) ▪ *Transfertechniken*	☐
Eigene Erfahrungen und die Ausbildung im sozialen Arbeitsfeld – „Wo ich meine Erfahrungen einbringe“ (→ ab S. 25) ▪ *Rolle als Assistenzkraft*	☐

10 Atmungssystem

„Bei Frau Brandt pfeift's!“

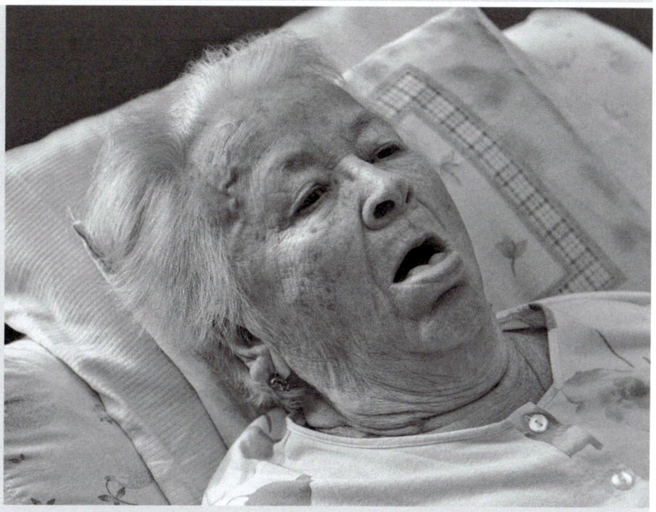

Sie arbeiten als angehende Sozialassistentin im Altenzentrum „Kaiserhof“.
Heute haben Sie Frühdienst und gehen morgens gegen 7 Uhr in das Zimmer von Frau Brandt, da sie die Rufklingel betätigt hat.

Sie finden Frau Brandt mit hochgestelltem Kopfteil und schräg im Bett liegend vor. Sofort fällt Ihnen auf, dass sie nach Luft ringt und ihre Lippen blau verfärbt sind. Außerdem ist die Vase mit den Blumen, die sie am Vortag von ihrer Enkelin geschenkt bekam, auf ihrem Nachttisch umgefallen und das Wasser läuft auf den Boden.

Als Frau Brandt Sie sieht, ruft sie Ihnen zu: „Hilfe! Hilfe! Ich ersticke! Helfen Sie mir!“ Ihre Worte werden durch starkes Husten unterbrochen und Frau Brandt spuckt zähen Schleim in ihr Taschentuch. Ihnen fällt auf, wie sie ihre Schultern beim Atmen nach oben zieht und beim Ausatmen ein pfeifendes Geräusch von sich gibt. Sie wundern sich, woher das rührt.

Sie gehen zu Frau Brandt ans Bett und sagen: „Jetzt beruhigen Sie sich doch erstmal. So schnell erstickt man nicht. Aber so wie Sie im Bett liegen, ist es ja auch kein Wunder, dass Sie keine Luft bekommen. Außerdem bin ich ja jetzt da, es kann nichts mehr passieren.“

Pflichtbewusst legen Sie Frau Brandt wieder gerade ins Bett und lassen dazu das Kopfteil herunter. Entsprechend dem Lagerungsplan lagern Sie die Bewohnerin in 30°-Lage auf ihre rechte Seite. Doch Frau Brandt lässt sich nicht lagern und dreht sich immer wieder auf den Rücken. Sie hält sich an Ihrem Kittel fest, ringt weiter um Luft und wird unruhiger. Das pfeifende Geräusch hat sich verstärkt.

Da Sie erst seit zwei Wochen in der Einrichtung zum Pflegepraktikum sind, wissen Sie nicht mehr weiter und sagen zu Frau Brandt: „Lassen Sie mich bitte los. Ich gehe kurz aus dem Zimmer und hole eine Kollegin zu Hilfe.“ Die Bewohnerin krallt sich nun noch stärker an Ihnen fest und sagt mit angstverzerrter Miene: „Ich will nicht sterben! Lassen Sie mich bitte nicht alleine!“

Sie sind verwirrt und fühlen sich hilflos. „Was soll ich nur tun?“

1. Aufgabe

Was sagen Sie zu Frau Brandt und wie reagiert diese darauf? Worauf ist die Angst von Frau Brandt zurückzuführen? Warum sind Sie unsicher?
Beschreiben Sie Ihr Kommunikationsverhalten und die Reaktionen der Bewohnerin. Nennen Sie Gründe für den Ausgang der Situation.

2. Aufgabe

Was sollten Sie können und wissen, um in solch einer Situation souverän zu handeln?
Formulieren Sie, welche Fähigkeiten und Fertigkeiten (→ Können) und welche konkreten Inhalte und Wissensbereiche (→ Wissen) Sie sich aneignen sollten.

Das sollten Sie als Sozialassistentin können ...	Das sollten Sie als Sozialassistentin wissen ...

3. Aufgabe

Wie sollten Sie der Bewohnerin gegenüber auftreten und in dieser Situation handeln?
Formulieren Sie Handlungsalternativen für die beschriebene Situation ab dem Betreten des Zimmers von Frau Brandt.

4. Aufgabe

Wie können Sie zukünftig bei Schwierigkeiten im Umgang mit hilflosen Bewohnern besser vorgehen? Erproben Sie das von Ihnen empfohlene Verhalten, indem Sie die Handlungssituation nachstellen und in weiteren Beispielsituationen anwenden.

TIPPS **So geht's in der Praxis**

Als Sozialassistentin werden Sie in der beruflichen Praxis u. U. häufiger mit ängstlichen und hilflosen Bewohnern konfrontiert, die sich in einer Notsituation befinden. Eine Ursache für ängstliches Verhalten kann eine Erkrankung des Atmungssystems und die damit verbundene Luftnot sein. Daher ist es wichtig, die Atmung von Bewohnern zu beobachten und anhand verschiedener Merkmale Veränderungen einschätzen zu können. Wichtig für den Umgang mit Erkrankten ist es, diese in ihrer Not ernst zu nehmen, Ruhe auszustrahlen und in Zusammenarbeit mit der Pflegefachkraft geeignete Maßnahmen auszuwählen und durchzuführen. Neben den pflegerischen Handlungen spielt die patientenorientierte Kommunikation stets eine wichtige Rolle, damit sich die Klienten wohl und sicher fühlen.

Inhalte aus dem Band „Sprungbrett Soziales – Sozialassistenz" zum Themenkomplex „Atmung – ‚Jetzt mal tief Luft holen ...'"	
Aufbau und Funktion des Atmungssystems – „Einfach durchatmen" (→ ab S. 368) ▪ *Einatmung und Ausatmung*	☐
Besonderheiten und Erkrankungen des Atmungssystems (→ ab S. 372)	☐
Pflegerische Unterstützung bei Beschwerden des Atmungssystems (→ ab S. 374)	☐
Prophylaxen in Bezug auf das Atemsystem (→ ab S. 376) ▪ *Pneumonieprophylaxe* ▪ *Praxis-Spicker Atembeschwerden/Atemnot*	☐
Pflegerische Unterstützung bei der eingeschränkteren Mobilität – „Nichts so können, wie man möchte" (→ ab S. 289) ▪ *Lagerungen*	☐
Handeln in Notfällen – „Helfen ist Pflicht" (→ ab S. 431)	☐

11 Erste Hilfe

„Die Chefin wurde von einer Wespe gestochen!“

Stefanie Eggert arbeitet als angehende Sozialassistentin in der Kita „Lummerland“ und befindet sich gerade beim Freispiel im Hof der Einrichtung. Zusammen mit zwei Fachkräften begleitet sie 15 Kinder im Alter von drei bis fünf Jahren beim Spielen, als plötzlich die Leiterin der Einrichtung, Frau Weicholdt, vor ihr steht. Sie ruft aufgeregt um Hilfe, ist dabei kaum zu verstehen und winkt wie wild mit den Armen.
„Ich bin beim Trinken von einer Wespe gestochen worden!“, ruft Frau Weicholdt Stefanie und ihren Kolleginnen entgegen. Da anscheinend niemand weiß, wie er reagieren soll, sind alle Augen auf Stefanie gerichtet. Erst heute Morgen hatte sie nämlich davon berichtet, dass sie in der vergangenen Woche einen Erste-Hilfe-Kurs in ihrer Schule absolviert habe.

Stefanie sagt zu Frau Weicholdt: „Werden Sie nicht panisch, sonst kommen Sie in akute Lebensgefahr. Am besten Sie setzen sich erstmal hin und trinken was.“

Stefanie ist sehr aufgeregt und bittet die beiden Kolleginnen, dass sie den Erste-Hilfe-Koffer holen und auch die Notfallrettung 112 alarmieren. Beide laufen in das Gebäude.

Frau Weicholdt schaut Stefanie mit großen Augen an und wird langsam sehr nervös: „Was soll ich denn jetzt tun – werde ich das überleben?“
Stefanie erwidert: „Sie könnten ja einen Eiswürfel lutschen, aber leider habe ich gerade keinen zur Hand.“

Nun kommen auch die ersten Kinder zu Stefanie und fragen, was passiert sei und ob der Frau Weicholdt etwas Schlimmes passiert wäre. Stefanie sagt: „Frau Weicholdt wurde von einer Wespe gestochen.“ Jetzt laufen alle Kinder ganz aufgeregt durch den Garten und manche fangen an zu weinen und haben Angst vor weiteren Wespenstichen.

Die Kolleginnen kommen zu Stefanie zurück und wollen wissen, ob Frau Weicholdt noch atmet. Diese Frage hätte ihnen der Mann vom Notruftelefon gestellt. Überfordert mit der Situation und der Verantwortung sagt Stefanie lieber erst einmal gar nichts.

1. Aufgabe

Was sagt Stefanie zu ihrer Chefin, um diese zu beruhigen? Warum ist sie unzufrieden und unsicher im Verlauf der Situation?

Beschreiben Sie das Verhalten von Stefanie und die Reaktionen der Kolleginnen und Kinder. Nennen Sie Gründe für ihren Misserfolg.

2. Aufgabe

Was sollte Stefanie als angehende Sozialassistentin können und wissen, um in der Notfallsituation souverän zu handeln?

Formulieren Sie, welche Fähigkeiten und Fertigkeiten (→ Können) und welche konkreten Inhalte und Wissensbereiche (→ Wissen) sich Stefanie aneignen sollte.

Das sollte Stefanie können ...	Das sollte Stefanie wissen ...

3. Aufgabe

Wie sollte Stefanie strukturiert im Rahmen der Ersten Hilfe vorgehen?
Formulieren Sie die richtigen Arbeitsschritte Stefanies in der vorliegenden Situation.

4. Aufgabe

Fühlen Sie sich fit, um in Notfallsituationen sicher zu handeln?
Erproben Sie das von Ihnen empfohlene Verhalten, indem Sie Beispiele nachstellen, in denen Erste-Hilfe-Kenntnisse und Maßnahmen erforderlich wären.

TIPPS **So geht's in der Praxis**

Es ist nicht ungewöhnlich, dass es in der Sommerzeit in Deutschland zu Wespenstichen kommt. Dabei stellt nicht jeder Wespenstich eine Notfallsituation dar. Oftmals verlaufen die Stiche, bis auf Schmerzen und Schwellung am Einstich, vollkommen komplikationslos. Aber bei manchen Menschen kann ein Wespenstich eine schwerwiegende allergische Reaktion hervorrufen. Dann sind ihre Erste-Hilfe-Kenntnisse gefragt. Wichtig ist es, Ruhe zu bewahren und den Betroffenen zu betreuen sowie ggf. den Rettungsdienst zu verständigen. Mindestens genauso wichtig ist es, dafür Sorge zu tragen, dass Sie andere wichtige Pflichten, wie z. B. die Aufsichtspflicht für die Kinder in der Kita, nicht vernachlässigen oder Angst und Panik vermeiden. Bleiben Sie also ruhig, handeln Sie besonnen, delegieren Sie konkret einzelne Aufgaben an Kollegen. Dann sind Sie auf dem richtigen Weg ...

Inhalte aus dem Band „Sprungbrett Soziales – Sozialassistenz" zum Themenkomplex „Handeln in Notfällen – ‚Helfen ist Pflicht'"	
Grundlagen – „Recht und Rettung" (→ ab S. 431)	☐
Erste-Hilfe-Maßnahmen – „Schnell handeln" (→ ab S. 433)	☐
Die sechs wichtigsten Notfallszenarien – „Was passieren kann" (→ ab S. 433) ▪ *Besonderheiten bei Notfällen mit Kindern*	☐

12 Sterben, Tod und Trauer

„Irgendwie ist der Tod ein ständiger Begleiter“

Paula und Anton befinden sich im ersten Ausbildungsjahr zum Sozialassistenten. Mit ihrer Klasse nehmen sie an einem dreitägigen Seminar „Sterben, Tod und Trauer“ teil. Zum Abschluss des ersten Tages erhalten die Schüler die Aufgabe, sich mit einem Mitschüler über ihre Vorstellungen von Sterben und Tod auszutauschen.

Paula und Anton sind von den Erlebnissen des ersten Seminartages sehr niedergeschlagen und erschöpft. Sie unterhalten sich:

Anton: „Heute Morgen, auf der Fahrt zum Seminar, war ich ziemlich aufgeregt und konnte mich nicht so richtig freuen. So intensiv über Sterben und Tod nachzudenken und darüber zu reden; so viele unterschiedliche Gefühle in Trauersituationen zu erfahren ... Es ist uns allen schwergefallen, unsere Gedanken und Gefühle auszudrücken. Viele von uns haben offenbar eher schlechte Erfahrungen im Praxisalltag gemacht. Und nur wenige können mit Freunden oder der Familie über dieses Thema reden.
Ich habe so viele Fragen – jetzt bin ich froh, noch zwei Tage hier zu sein!“

Paula: „Tod. Sterben. Wie fühlt man sich als sterbender Mensch? Wie fühlt man sich, wenn man den größten Teil seines Lebens gelebt hat? Wie werden die letzten Lebensjahre? Mir gehen so viele Gedanken durch den Kopf ...
Stirbt jemand, der mir wichtig ist, so wie Opa letztes Jahr, fühle ich mich hilflos und weiß nicht, wie ich mich verhalten soll. Es ist dann immer ein sehr emotionaler Augenblick für mich und ich muss fast immer mit meinen Tränen kämpfen. Wenn ich an meinen eigenen Tod denke, dann habe ich Angst. Es fällt mir schwer, meine Gedanken und Gefühle zu beschreiben.“

Anton: „Mir geht es ähnlich. Ich muss oft über meinen Tod nachdenken, meistens, wenn ich abends im Bett liege. Ich stelle mir immer wieder vor, dass nach dem Tod alles vorbei ist; das Leben nicht mehr weitergeht ...
... dann habe ich Angst. Irgendwie ist der Tod ein ständiger Begleiter.“

Paula: „Ja, stimmt. Was meinst du: Kann man sich auf das Sterben vorbereiten? Kann ich zum Beispiel würdevoll und selbstbestimmt sterben? Was wird wichtig am Lebensende?“

1. Aufgabe

Über welche Themen und Probleme tauschen sich Paula und Anton aus?
Beschreiben Sie die Situation, in der sich Paula und Anton befinden. Nennen Sie Gründe für die Angst, die beide äußern.

2. Aufgabe

Was sollten Paula und Anton können und wissen, um auf die Konfrontation mit sterbenden Menschen vorbereitet zu sein?
Formulieren Sie, welche Fähigkeiten und Fertigkeiten (→ Können) und welche konkreten Inhalte und Wissensbereiche (→ Wissen) sich Paula und Anton aneignen sollten.

Das sollten Paula und Anton können …	Das sollten Paula und Anton wissen …

3. Aufgabe

Welche Möglichkeiten sollten Paula und Anton im Seminar nutzen, um sich intensiv mit der eigenen Angst vor Sterben und Tod auseinanderzusetzen?
Erstellen Sie einen Fragenkatalog, der in Form einer „Entdeckungsreise“ eine Möglichkeit der thematischen Auseinandersetzung bietet. Formulieren Sie fünf aussagekräftige Fragen, die Paula und Anton helfen können, ihre Gedanken und Gefühle zu Sterben, Tod und Trauer in Worte zu fassen.

FRAGE 1

FRAGE 2

FRAGE 3

FRAGE 4

FRAGE 5

4. Aufgabe

Welche Möglichkeiten der Bewältigung und Unterstützungsangebote können Paula und Anton nutzen, um zukünftig im Umgang mit sterbenden und trauernden Menschen sicherer zu werden?
Erarbeiten Sie ein Merkblatt, welches Möglichkeiten der individuellen Auseinandersetzung und der Unterstützung im Umgang mit den Themen Sterben, Tod und Trauer aufzeigt. Recherchieren Sie hierzu auch regional, beispielsweise zur Arbeit ehrenamtlicher Helfer und Selbsthilfegruppen.

Umgang mit Sterben, Tod und Trauer

TIPPS **So geht's in der Praxis**

Vor allem für junge Menschen sind das Erleben von Sterben und die Auseinandersetzung mit dem Tod eine besondere und herausfordernde Situation. Das Sterben eines Menschen ist für alle Beteiligten ein Abschiednehmen. Ein Mensch verlässt die Lebenswelt und lässt andere zurück. Die Begleitung und Unterstützung am Lebensende braucht Zeit; Sterben kann sich auch als langer Prozess gestalten. Sehen Sie den sterbenden und trauernden Menschen in seiner Einzigartigkeit. Ihr Handeln und Verhalten in der Sterbe- und Trauerbegleitung sollte geprägt sein von Respekt, Würde, Authentizität und Kreativität. Nutzen Sie alle Möglichkeiten und Wege, um die Bedürfnisse und Wünsche der Betroffenen herauszufinden und zu erfüllen. Sterbende und trauernde Menschen erleben zumeist unterschiedliche Gefühle und Emotionen, die ihre Lebenssituation wesentlich beeinflussen – und die Sie, als begleitende Sozialassistentin, deuten und verstehen sollten. Das Wahrnehmen, Ernstnehmen und Reflektieren eigener Gedanken und Gefühle sind dabei Grundvoraussetzungen für eine gelingende Interaktion.

Inhalte aus dem Band „Sprungbrett Soziales – Sozialassistenz" zum Themenkomplex „Sterben und Tod – ‚An Grenzen stoßen'"	
Abschiednehmen „Etwas geht zu Ende" (→ ab S. 442)	☐
Das Phänomen Trauer – „Individuelle Emotionen" (→ ab S. 446)	☐
Miteinander kommunizieren (→ ab S. 78) ▪ *Grundlagen der Kommunikation* ▪ *Kommunikationsmodelle*	☐
Erfolgreich kommunizieren im Beruf (→ ab S. 85)	☐
Mit Schmerzen umgehen – „Es tut so weh ..." (→ ab S. 426)	☐
Biografiearbeit (→ ab S. 187)	☐

C
Lernen lernen

1 Was ist Lernen?

1.1 Der Begriff „Lernen“

Unter dem Begriff „Lernen“ wird das Aufnehmen, Verarbeiten und Umsetzen neuer Informationen verstanden. Lernen ist demnach ein **lebenslanger Prozess**, der zu Veränderungen im Verhalten führt und auf gewonnene Erfahrungen aufbaut. Dieser Änderungsprozess erfolgt – im Gegensatz zur Reifung oder Prägung – durch Übung.

Was wir beim Lernen aufnehmen und wie tief es sich einprägt, ist abhängig von
- Emotionen,
- Motivationen,
- Lernbedingungen und
- der Struktur unseres Gedächtnisses.

Hierbei lassen sich zwei Formen des Gedächtnisses unterscheiden:
- **explizites Gedächtnis:** speichert bewusst erinnertes Sachwissen
- **implizites Gedächtnis:** speichert (häufig nicht bewusst erinnertes) Verhalten und Handlungswissen

1.2 Physiologische Grundlagen des Lernens

Die Speicherung und Verarbeitung von Informationen findet im Gehirn statt. Die Informationen kommen dabei über die verschiedenen Sinneskanäle (Ohr, Nase, Auge etc.) in unser Gehirn. Je mehr Sinne bei der Informationsaufnahme gleichzeitig beteiligt sind, desto besser können wir uns Einzelheiten merken. Das Gehirn speichert das Gelernte ab, je häufiger es trainiert wird, desto leichter gelingt ihm die Speicherung.

Im Gehirn sind Milliarden von Nervenzellen für die Informationsverarbeitung zuständig. Sie sind untereinander verbunden und kommunizieren über elektrische Ströme miteinander. Die Verbindungen (**Synapsen**) zwischen den Nervenzellen sind vergleichbar mit Wegen oder Straßen zwischen zwei Orten. Wenn im Wald viele Menschen über einen Pfad laufen, dann wird dieser immer breiter und irgendwann baut man dort vielleicht eine Straße, weil die Strecke inzwischen so wichtig geworden ist. Ähnlich funktioniert es mit den Nervenbahnen in unserem Gehirn. Wenn wir etwas mehr lernen bzw. öfter **wiederholen**, dann entsteht eine bessere Nervenverbindung.

Das menschliche Gehirn besteht aus zwei symmetrischen **Großhirnhälften**, die durch einen Balken miteinander in Verbindung stehen und Informationen austauschen. Jede dieser Hälften arbeitet auf eine andere Weise. Sehr oft benutzen wir vor allem die linke Hirnhälfte, welche eher für das begriffliche, logische Denken und für das Merken von Einzelheiten zuständig ist. Die rechte Hirnhälfte ist überwiegend für Zusammenhänge und bildliches Denken zuständig. Zu beachten ist jedoch, dass das Gehirn über eine gewisse innere Flexibilität verfügt, die es ihm ermöglicht, Ausfälle von Hirnarealen an anderer Stelle zu übernehmen.

Die Verknüpfung und Nutzung der sich ergänzenden Hirnhälfte ist bei jedem Menschen anders und führt somit zu einer individuellen Wahrnehmung. Für alle Menschen gilt, dass beim Lernen immer beide Hirnhälften aktiviert werden sollten, um das Lernen zu verbessern.

Menschen mit einer Linkshirndominanz	Menschen mit einer Rechtshirndominanz
▪ können sich sprachlich gut ausdrücken. ▪ können sehr gut mit Symbolen (Zahlen, Buchstaben, Rechenzeichen) umgehen. ▪ sammeln alle ihnen verfügbaren Fakten, bevor sie eine Entscheidung fällen. ▪ haben eine große Sachkenntnis. ▪ können ihre Gedanken gut zu Papier bringen, beginnen eine Sache geradlinig von Anfang an, bleiben dabei, bis sie ein logisches Ergebnis haben.	▪ lassen sich eher von ihren Gefühlen leiten. ▪ haben eine große Fantasie. ▪ schweifen während eines Vortrages schnell mit den Gedanken vom Thema ab, besonders wenn der Vortragende sein Thema nicht visualisiert. ▪ werden von Mustern, Farben und Formen stark angesprochen. ▪ verstehen Körpersprache, erfühlen Gedanken. ▪ müssen Dinge anfassen bzw. eine Sache tun, damit sie sie verstehen.

[1] Links- und Rechtshirndominanz

1.3 Lernvoraussetzungen

Lernvoraussetzungen sind wichtige Rahmenbedingungen, die ein gutes und erfolgreiches Lernen ermöglichen. Dabei sind die einzelnen Lernvoraussetzungen individuell an das eigene Lernverhalten anzupassen.

1.3.1 Gezielte Wahrnehmung

Wahrnehmung ist eine Grundvoraussetzung zum Lernen. Die Informationen, aus denen der Lernstoff besteht, gelangen nicht automatisch ins Gehirn. Vielmehr muss der Lernstoff bewusst und gezielt aufgenommen werden. Was nicht wahrgenommen wird, kann nicht gelernt werden, oder was unklar wahrgenommen wird, führt möglicherweise zu einem falschen Verständnis des Lernstoffs.

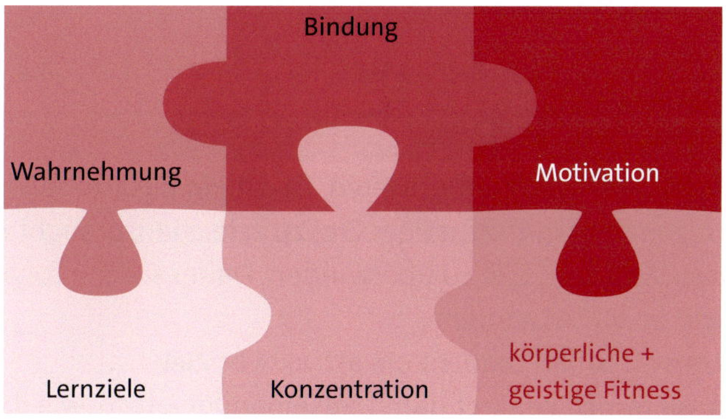

[2] Puzzle der Lernvoraussetzungen

Verbessern kann man die Wahrnehmung und damit auch das Gedächtnis, wenn drei Einzelfähigkeiten trainiert werden:

Aufmerksam sein	▪ Richten Sie Ihre volle Aufmerksamkeit auf das, was Sie lernen wollen. ▪ Üben Sie dieses in Alltagssituationen (z. B. bei Gesprächen) oder tauschen Sie sich mit anderen (z. B. nach einer Unterrichtsstunde) darüber aus, was Sie und Ihre Gesprächspartner verstanden haben.
Assoziieren	▪ Bilden Sie sooft wie möglich Assoziationen. ▪ Dabei kann Neues mit bereits Bekanntem verbunden werden. Anknüpfungspunkte können entweder Ähnlichkeiten (Analogien) oder Unterschiede (Differenzen) sein.
Visualisieren	▪ Verbessern Sie Ihre Vorstellungskraft und entwickeln Sie innere Bilder zu allem, was Sie lesen oder hören. ▪ Ein solches bildhaftes Denken steigert die Merkfähigkeit von Informationen und kann durch entsprechende Übungen gelernt werden.

[3] Fähigkeiten zur Verbesserung der Wahrnehmung

1.3.2 Bindung und soziales Umfeld

Obwohl jeder Mensch oft eigenständig und für sich allein lernt, sind bei fast jedem Lernprozess andere Personen beteiligt, die einem etwas erklären, Mut zusprechen oder einfach nur bei der Prüfung die Daumen drücken und an einen denken.

Menschen lernen in ihrem sozialen Umfeld nicht nur **voneinander**, sondern auch **miteinander**. Dabei hat insbesondere die Bindung eines Menschen an eine Bezugsperson eine besondere Bedeutung. Durch die Bindung an eine Person erhalten wir Rückmeldung, Korrektur, Unterstützung oder Mut und Zuversicht, es noch einmal zu versuchen. Zudem wird dadurch die Bedeutung der Emotionalität im Lernprozess verstärkt, die eine hemmende oder fördernde Wirkung haben kann.

Nur dann kann erfolgreich gelernt und gelehrt werden, wenn eine vertrauensvolle Bindung zwischen dem Lernenden und dem Lehrenden besteht.

Für ein erfolgreiches Lernen braucht man **Lernpartner**, Personen, mit denen man über den Lernstoff reden und Fragen klären kann, aber auch Personen, die emotional unterstützen, wenn man beim Lernen oder vor Prüfungen den Mut und die Sicherheit verloren hat. Hierfür braucht man Lernpartner, zu denen eine offene und partnerschaftliche Beziehung besteht, und keine Person, die nur belehren will.

1.3.3 Motivation

Sich für ein Lernziel zu motivieren, ist oft ein Zusammenspiel verschiedener Faktoren. Denn besonders wenn es darum geht, ein mittelfristiges Ziel zu erreichen, braucht man eine gute Portion Motivation, um Durststrecken auf dem Weg zum Ziel zu überwinden. Daher sollten folgende drei Komponenten für ein Lernvorhaben überlegt und beachtet werden:
- Ein Lernvorhaben braucht ein attraktives **Ziel**.
- Man sollte sich konkret damit auseinandersetzen, **wie das Ziel erreicht werden kann**.
- Man sollte sich mit den **Emotionen und Gefühlen**, die das Lernvorhaben begleiten, auseinandersetzen.

Was einen wirklich interessiert, das erreicht man meistens, auch wenn es manchmal noch so schwierig ist. Die Begeisterung und Motivation für ein attraktives Ziel ist dabei der Motor für erfolgreiches Lernen. Sinnloses Lernen ist dagegen eine bleierne Angelegenheit, für die es schwerfällt, Energie aufzubringen. Lernziele müssen daher mit den eigenen persönlichen Einstellungen, Interessen und Vorstellungen im Einklang stehen.

Motivierende Lernziele sollten
- erstrebenswert sein,
- einen Sinn haben,
- mit einem persönlichen Interesse verbunden sein und
- eine klare Zielsetzung haben.

Erfolge zu haben oder auch einfach Misserfolge zu verhindern, können mögliche **Motive** sein, beide erhöhen die Bereitschaft, Leistung zu erbringen. Natürlich setzt dabei das Motiv, Erfolg zu haben, wesentlich leichter die nötige Energie frei. Lernen aus Furcht und Angst ist neuropsychologisch kaum möglich.

Zielorientiertes Denken hilft, Probleme als ein Zwischenstadium auf dem Weg zu einem attraktiven Ziel zu sehen und damit zu überwinden.

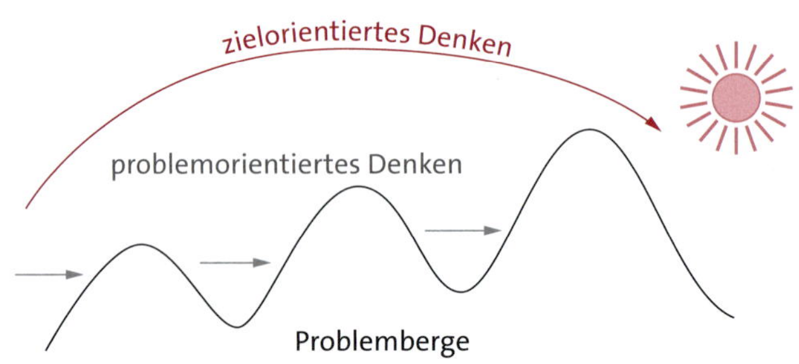

[1] Zielorientiertes Denken

Für die Verstärkung der eigenen Ziele bietet sich besonders die Methode der **Zielvisualisierung** an, bei der man sich den gewünschten Zielzustand in Worten und Bildern ausmalt und damit Energie mobilisiert.

Bei der Motivation werden zwei Arten unterschieden:
- intrinsische Motivation (entsteht aus innerem Antrieb, z. B. durch den Wunsch nach Selbstverwirklichung, Unabhängigkeit oder durch Neugier)
- extrinsische Motivation (wird durch äußere Faktoren hervorgerufen, z. B. Gehaltserhöhung, Lob, Vorbilder)

Eine weitere wichtige Voraussetzung für das Lernen und Erreichen gesetzter Ziele ist das Vertrauen auf die eigenen Fähigkeiten und darauf, dass die Situation mit entsprechendem Einsatz gelöst oder bestanden werden kann. Dazu ist es wichtig, ein **realistisches Bild von sich selbst** zu haben und seine eigenen Kompetenzen einschätzen zu können. Hierfür sind gute Lernpartner hilfreich und wichtig und auch der Blick zurück auf das, was man bereits erreicht hat.

1.3.4 Konzentration

Die Fähigkeit, sich konzentrieren zu können, ist eine wichtige Voraussetzung für ein gut funktionierendes Gedächtnis und das Lernen von neuen Inhalten. Konzentration umfasst
- die Fähigkeit, eine klar beschriebene Aufgabe über einen bestimmten Zeitraum hinweg sorgfältig und zügig ausführen zu können.
- sorgfältiges und genaues Wahrnehmen, Beobachten und Zuhören.
- die Lenkung der Aufmerksamkeit auf nur einen einzelnen Punkt, ohne sich von äußeren Einflüssen ablenken zu lassen.
- Ausdauer, beispielsweise wenn es darum geht, bei einer langweiligen, aber notwendigen Sache zu bleiben, oder wenn man der Lösung einer Aufgabe nicht sofort auf die Spur kommt und dennoch so lange daran weiterarbeitet, bis man sie doch gefunden hat.

Die Ursachen für eine zeitweilige **Beeinträchtigung der individuellen Konzentrationsfähigkeit** können vielfältig sein:

Reizüberlastung	durch externe Störungen (Handy, häufige Arbeitsunterbrechungen, störende Umgebungsgeräusche); sinnvoll sind eine Störungsanalyse und eine darauf abgestimmte Arbeits- und Lebensplanung
Arbeitsüberlastung und Überforderung	führen häufig zur Steigerung des Arbeitstempos und dem Erledigen mehrerer Tätigkeiten gleichzeitig; Analyse der eigenen Tätigkeiten (besseres Zeitmanagement, Zurückweisen unrealistischer Erwartungen)
körperliches Unwohlsein	aufgrund von Krankheit, Bewegungs-, Schlafmangel oder ungesunder Ernährung
psychisches Unwohlsein	z. B. Stress, Angst, Sorgen oder Frustration; hilfreich ist es, neben körperlicher Entspannung neue Denk- und Verhaltensweisen zu entwickeln
Monotonie, Langeweile und Unterforderung	führen dazu, dass Tätigkeiten automatisch und abwesend ausgeführt werden; dagegen helfen Abwechslung, Steigerung des Tempos und der Aktivität (z. B. Nachfragen in Vorträgen)

[2] Gründe für Konzentrationsschwierigkeiten

Konzentration lässt sich fördern durch
- Anpassung der Lernaufgaben an den persönlichen **Leistungsrhythmus**,
- eine **ausgewogene Ernährung**,
- ausreichend **Bewegung** und
- **Entspannung**.

Hilfreich sind zudem ein aufgeräumter Arbeitsplatz, das Beginnen mit leichtem Lernstoff sowie regelmäßige Pausen.

2 Informationen strukturieren

2.1 Informationen sammeln

Um sich auf eine Prüfung oder ein Referat gut vorzubereiten, sind die richtigen und passenden Informationen erforderlich. Die Kunst dabei ist, die erforderlichen Informationen zum richtigen Zeitpunkt zu haben und aus der Vielzahl der möglichen Informationen die richtigen auszuwählen.

Grundlegend geht es zunächst darum, festzulegen, wofür die Informationen benötigt werden, wie also der **persönliche Informationsbedarf** aussieht. Um hierüber Klarheit zu erlangen, ist es hilfreich, sich die folgenden Fragen zu stellen:
- Zu welchem Thema werden Informationen benötigt?
- Für welchen Anlass werden die Informationen gebraucht (z. B. Informationsauffrischung, Prüfung)?
- Welche Art von Informationen wird dafür benötigt?

Häufig reicht es nicht aus, sich beim Lernen auf eine einzige Quelle zu konzentrieren (etwa das in der jeweiligen Schule gängige Lehrbuch). Bei Bedarf sollte Fachliteratur hinzugezogen werden. Um die richtige Literatur zu finden, gibt es im Unterricht und in Lehrbüchern Literaturhinweise oder Empfehlungen.

Quellen zur Sammlung von Informationen sind z. B.:
- ausbildungsspezifische Literatur
- Fachbücher (z. B. in Bibliotheken)
- Zeitungs- und Zeitschriftenartikel
- Internet (z. B. Mediatheken, Audiotheken, Homepages von Berusfverbänden)
- Experten, Lehrende und Kolleginnen

Recherche in Bibliotheken	**Welche Literatur wofür?** ▪ zum Einstieg in eine Thematik: Fachlexikon oder Enzyklopädie ▪ für aktuelle Informationen oder Vertiefung in Spezialthemen: Fachzeitschriften, aktuelle Zeitungsartikel ▪ für grundlegende Auseinandersetzungen über ein bestimmtes Thema: Fachliteratur, Originalliteratur **Wer/was hilft bei der Recherche?** ▪ wissen, wonach genau man sucht ▪ Mitarbeiter von Bibliotheken ▪ (Online-)Bibliothekskataloge zur Autorensuche, Themensuche, Stichwort- oder Schlagwortsuche
Recherche im Internet	▪ oberflächliches Suchen reicht nicht aus, da der Großteil der schnell auffindbaren Informationen auf Konsum und Unterhaltung ausgerichtet ist ▪ Menge an Treffern kann durch die richtigen Suchbegriffe gesteuert und reduziert werden ▪ gefundene Dokumente müssen nach bestimmten Kriterien (siehe Tabelle 2) kritisch beurteilt werden

[1] Quellen zur Literaturrecherche

Anhand der folgenden Kriterien kann die **Brauchbarkeit und Qualität von Texten** überprüft werden. Die Bewertung und Gewichtung der Antworten auf die genannten Fragen hängt davon ab, wofür der Text benötigt wird.

Überprüfungskriterien	Erläuterung der Kriterien
Herkunft des Textes	▪ Kann durch die Herkunft erschlossen werden, wie gut der Text ist? ▪ Texte aus Bibliotheken oder Zeitschriften sind bereits überprüft. Texte auf Homepages von Universitäten und wissenschaftlichen Instituten lassen meist auf eine hohe Qualität schließen.
erster Eindruck	▪ Wie brauchbar und interessant erscheint die Seite / der Text? ▪ Prüfen der Struktur: Aufbau und Übersichtlichkeit, Überschriften.
Zielgruppe	▪ Ist der Text bzw. die Seite für Laien oder Experten verfasst? ▪ Ist es ein Angebot, mit dem Geld verdient werden soll?
Inhalt	▪ Sind die beschriebenen Informationen für die Fragestellung wichtig und glaubwürdig?
Verständlichkeit	▪ Wie verständlich und wie gut nutzbar ist der Text?
Aktualität	▪ Wie aktuell sind die Daten des Dokumentes? ▪ Wann wurde der Text verfasst? ▪ Sind im Dokument angegebene Links noch abrufbar?
Fachkenntnis	▪ Wer ist für den Inhalt der Seite verantwortlich? ▪ Welche Erfahrungen können die Verfasser vorweisen? ▪ Welches Ziel verfolgen sie? ▪ Welcher Institution gehören sie an?
Objektivität	▪ Wie klar und fundiert ist die Meinungsbildung der Verfasser? ▪ Werden unterschiedliche Aspekte, Ansichten und Informationsquellen, Literaturangaben und Verweise erbracht?
Glaubwürdigkeit	▪ Wie glaubwürdig sind die Inhalte und Zusammenhänge? ▪ Welche Quellen wurden verwendet?
visuelle Darstellung	▪ Wie sind die Inhalte aufbereitet (z. B. Grafiken, Statistiken, Fotos, Illustrationen)?
Verlinkung	▪ Mit welchen Internetseiten sind die Inhalte verknüpft und was sagt das über die Inhalte aus?

[2] Kriterien zur Überprüfung der Brauchbarkeit und Qualität von Texten

!

Achten Sie darauf, dass Sie immer mehrere Quellen miteinander vergleichen.
Die Quellen können außerdem ergänzt und gegenübergestellt werden.

Ihr Informationsbedarf verändert sich ständig. Auch bei den Informationsquellen kommen neue dazu und alte verschwinden. **Überprüfen** Sie fortlaufend, ob sich Ihr derzeitiger Informationsbedarf mit den vorhandenen Informationsquellen deckt.

Dokumentieren Sie Ihre Quellen (bei Printmedien z. B. in einer Excel-Datei, bei Internetseiten als Lesezeichen im Browser). Gehen Sie dabei systematisch vor, denn so erleichtern Sie sich das spätere Wiederfinden Ihrer Dokumente. Es ist z. B. sinnvoll, die Ablagestruktur auf dem Computer analog für Dokumente in Papierform aufzubauen.

2.2 Informationen verarbeiten und gliedern

Für den Umgang mit Fachliteratur bieten sich verschiedene **Lese- und Markierungstechniken** an. Hilfreich ist die Fünf-Schritt-Lese-und-Erarbeitungstechnik:

1. **Überblick verschaffen**
   Überfliegen Sie den Text mit Blick auf Kapitelüberschriften, Untertitel, Zusammenfassungen oder Hervorhebungen im Fließtext.
2. **Fragen stellen**
   Nachdem Sie den Text überflogen haben, formulieren Sie konkrete Fragen an den Text. Überlegen Sie sich, was Sie besonders interessiert und ob der Text neue Informationen bzw. Aspekte bringt.
3. **Detailinformationen aufnehmen**
   Lesen Sie den Text im Hinblick auf Ihre Fragen. Markieren oder notieren Sie Kernaussagen, überlegen Sie, ob Sie den Text verstanden haben, und schlagen Sie Fachwörter nach.
4. **Überdenken, was wichtig ist und zusammenfassen**
   Rufen Sie sich nach jedem längeren Abschnitt das Gelesene ins Gedächtnis und halten Sie das Wesentliche in Stichworten fest. So reduzieren Sie die Informationen sinnvoll.
5. **Notizen überprüfen und reflektieren**
   Wichtige Fragestellungen hierfür sind z. B.: „Was wurde Neues erarbeitet?", „Welche Zusammenhänge konnten erschlossen werden?", „Was ist für mich besonders wichtig?"

!

Beim Markieren, z. B. mit einem Textmarker, oder beim Herausschreiben aus Texten gilt: „Weniger ist mehr." Wenn mehr als 20 % des Textes markiert sind, wird es unübersichtlich. Das Markieren eines Textes gilt natürlich nur für Textkopien oder eigene Materialien.

Die **Dokumentation von Fachinformationen** erfolgt z. B. durch:

Exzerpte	Das Aufzeichnen, auch Exzerpieren genannt, dient dazu, wichtige Aussagen oder Gedankengänge schriftlich festzuhalten. Diese gegenüber dem Markieren aufwendigere Methode ist vor allem dann sinnvoll, wenn mit den Textauszügen weitergearbeitet werden soll, wie z. B. für einen Fachvortrag. Unterschieden wird zwischen ▪ wörtlichen Exzerpten (Zitate, werden häufig bei Vorträgen oder wissenschaftlichen Abhandlungen verwendet; hierbei ist auf Zitierregeln zu achten), ▪ sinngemäßen Exzerpten (Gedankengänge des Autors werden mit eigenen Worten wiedergegeben) und ▪ Übersichtsexzerpten (wichtigste Punkte der Gliederung, wesentliche Gedanken und Anregungen werden auf wenigen Seiten wiedergegeben).
Mitschriften und Protokolle in der Schule	Mitschriften im Unterricht (siehe Abbildung auf der nächsten Seite) oder bei einer Gruppenarbeit sind ein erster Schritt der Informationsverarbeitung. Mitgeschrieben werden Informationen, ▪ die evtl. nur an dieser Stelle in dieser Form vermittelt werden, ▪ auf die die Vortragenden ihre Betonung legen, ▪ die für den eigenen Lernprozess oder bestimmte Themengebiete, mit denen man sich auseinandersetzt, relevant sind, ▪ wie z. B. Grundaussagen, Schwerpunkte, Fachbegriffe und Definitionen, ▪ wie z. B. wesentliche Argumente, die die Sprechenden zu ihrer Sicht veranlassen, ▪ wie z. B. Daten, die das Dargestellte unterstreichen und untermauern, ▪ wie z. B. Entscheidungen, die gefällt wurden, und Arbeitsaufträge.

[1] Dokumentation unterschiedlicher Fachinformationen

Sitzungs- und Arbeitsprotokolle	Bei Protokollen von Sitzungen oder Gruppenarbeiten werden notiert: ▪ die Namen der Anwesenden ▪ die wesentlichen Inhalte ▪ wer welche Aufgaben übernommen hat und bis wann diese zu erledigen sind ▪ welche Beschlüsse gefasst wurden Ein Ergebnisprotokoll enthält nicht jeden einzelnen Schritt der Sitzung, sondern die wesentlichen Beiträge, Erkenntnisse und Pläne in Stichpunkten oder Sätzen und kann nach einer inhaltlichen Logik angeordnet sein. Das Protokoll wird häufig als Einstieg in die nächste Sitzung besprochen. Fehler oder Missverständnisse werden umgehend verbessert.
Schriftliche Praktikumsberichte	Inhalte und Länge von Praktikumsberichten variieren und hängen z. B. von der Dauer des Praktikums oder auch der Einrichtung ab. Häufig wiederkehrende Inhalte eines Praktikumsberichtes sind: ▪ Deckblatt ▪ Inhaltsverzeichnis ▪ Praktikumsbescheinigung ▪ Kurzbeschreibung der Praktikumsinstitution (z. B. Aufgabenstellung, Kontaktpersonen, Ziele, Zielgruppe, Größe, Personalstruktur, Träger, Besonderheiten) ▪ Begründung der Praktikumsauswahl ▪ Beschreibung der Praktikumsaufgabe ▪ persönliche Erfahrungen ▪ Reflexion von Lernergebnissen, Erkenntnissen, erworbenen Kompetenzen, aber auch von Problemen in der Aufgabenerfüllung ▪ offene Fragestellungen, selbst gestellte Aufgaben für kommende Einsätze oder andere Konsequenzen für das persönliche Handeln ▪ evtl. Literatur- oder Quellenverzeichnis

[1] Fortsetzung: Dokumentation unterschiedlicher Fachinformationen

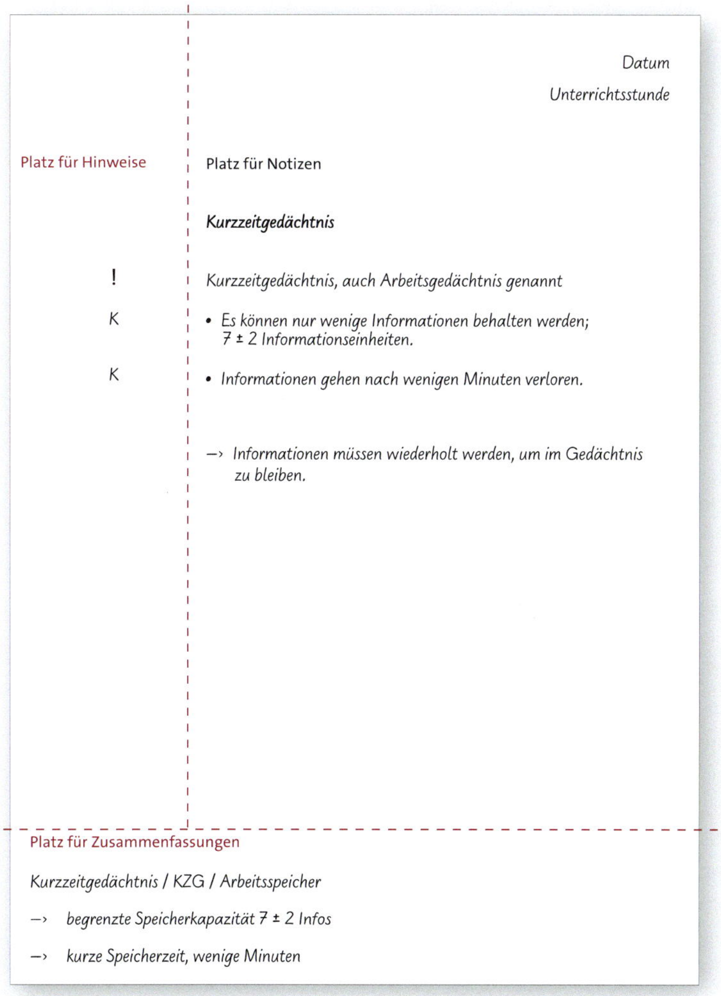

Randsymbole
- ! wichtig
- ? nicht verstanden, noch klären
- K Kernaussage/Definition
- B Beispiel
- ✓ habe ich verstanden

[2] Beispiel einer Mitschrift

3 Lernen organisieren

3.1 Lerntypen und Lernkanäle

Zum Lernen gebrauchen wir unsere Sinnesorgane, über die der Lernstoff nach der Verarbeitung in unser Gedächtnis gelangt. Da die Sinnesorgane bei jedem Menschen unterschiedlich stark ausgeprägt sind, ist auch die Aufnahme von Informationen und Reizen über diese Kanäle individuell verschieden.

Dies hat zur Folge, dass es unterschiedliche Lerntypen gibt:

Lerntyp	Erläuterung	Lernhilfen
auditiv	Lernen durch Hören	Hörbücher, Podcasts, Gespräche, Vorträge, Musik, ruhige Umgebung
visuell	Lernen durch Sehen	Bücher, Skizzen, Bilder, Lernposter, Mindmaps, Videos, Lernkarteien
kommunikativ	Lernen durch Gespräche	Dialoge, Diskussionen, Lerngruppen, Frage-Antwort-Spiele, Chats
motorisch	Lernen durch Bewegung („Learning by Doing“)	(rhythmische) Bewegungen, Nachmachen, Gruppenaktivitäten, Rollenspiele

[1] Lerntypen und entsprechende Lernhilfen

Aber niemand lernt nur mit einem Sinn. Letztlich sind alle Menschen Mischtypen und es empfiehlt sich, beim Lernen möglichst viele Sinne anzusprechen, das heißt die Lernkanäle miteinander zu kombinieren.

3.2 Lern- und Arbeitstechniken

3.2.1 Zeitmanagement

Besonders in der Ausbildung ist es wichtig, Lernen, Arbeiten und Freizeit optimal zu organisieren. Ein gutes Zeitmanagement hilft, die Zeit optimal zu nutzen, dabei den Überblick zu behalten und sich auf die wichtigen Aufgaben zu konzentrieren.

Grundprinzipien des Zeitmanagements sind:

schriftlich planen	▪ zehn bis 15 Minuten **Planungszeit** am Anfang des Tages einplanen > verschafft den nötigen Überblick und das Gefühl, alles im Griff zu haben ▪ wichtig ist, alle anstehenden Aufgaben schriftlich zu planen > der Kopf wird entlastet, man wird nichts mehr vergessen und man wird immer rechtzeitig an die zu erledigenden Aufgaben erinnert
nach dem eigenen Biorhythmus arbeiten	▪ sog. „Lerchen“ haben das Gefühl, morgens am produktivsten zu sein, „Nachteulen“ haben eher nachmittags und abends ihre arbeitsintensive Phase ▪ den eigenen Biorhythmus beobachten hilft, die persönlich beste Lernzeit herauszufinden
zwischen Terminen und Aufgaben trennen	▪ feststehende **Termine** sollten in einem Kalender, den man immer bei sich hat (z. B. Jahreskalender mit Wochen- oder Tageseinteilung, Smartphone), geführt werden ▪ Termine können Meilensteine (z. B. bis wann eine bestimmte Teilaufgabe erledigt sein soll) oder aber auch konkrete Endtermine sein ▪ zu erledigende **Aufgaben** werden am besten in einer fortlaufenden **To-do-Liste** geführt, die als loses Blatt einen festen Platz im Kalender hat (umfangreiche und komplexe Aufgaben dabei in möglichst kleine und überschaubare Arbeitspakete unterteilen)

[2] Grundprinzipien des Zeitmanagements

Prioritäten setzen	Um die anstehenden Aufgaben zu priorisieren, sind folgende Fragen bei jeder zu erledigenden Aufgabe zu stellen und entsprechend als A-, B-, C- oder D-Aufgaben zu kennzeichnen: ▪ Wie **wichtig** ist die Aufgabe? (Was passiert, wenn ich die Aufgabe überhaupt nicht mache?) ▪ Wie **dringlich** ist die Aufgabe? (Was passiert, wenn ich die Aufgabe heute nicht mache?) ▪ **A-Aufgabe:** sehr wichtig und sehr dringend (z. B. Fachartikel besorgen, Kapitel 1 für Klausur durcharbeiten) > zuerst erledigen ▪ **B-Aufgabe:** wichtig, im Moment aber nicht dringend (z. B. Handyvertrag bis nächste Woche kündigen) > bearbeiten, nachdem alle A-Aufgaben erledigt sind ▪ **C-Aufgabe:** dringend, längerfristig nicht wichtig (z. B. Blumen gießen, Aufräumen, Einkaufen) > wenn möglich delegieren oder System erarbeiten, wodurch diese Aufgaben schnell und effizient erledigt werden können ▪ **D-Aufgabe:** weder wichtig noch dringend (eine alte Bekannte mal wieder anrufen) > bewusst streichen oder bewusst genießen
Wochen- und Tagesplanung	▪ **Wochenplanung** (siehe Abbildung unten): zuerst alle A- und B- Aufgaben in die Zeiträume verplanen, in denen störungsfrei gearbeitet werden kann ▪ Wochen- und Tagesplanung bei wichtigen Lernprojekten ▪ **Tagesplanung** mit der ALPEN-Methode: 1. **A**ufgaben, Aktivitäten, Termine aufschreiben 2. **L**änge (Zeitbedarf) der Aufgabe festlegen und notieren 3. **P**ufferzeiten reservieren (für unvorhergesehene, dringliche Aufgaben und Probleme) 4. **E**ntscheidungen treffen über die Reihenfolge der Aufgaben, Prioritäten setzen 5. **N**achkontrolle am Abend: Übertragung von Unerledigtem auf den nächsten Tag, Erledigtes abhaken
Lernpausen einplanen	Folgende Pausen haben sich bewährt: ▪ **Gedankenpause/Verschnaufpause:** Machen Sie alle paar Minuten eine kurze Verschnaufpause, damit Sie das eben Gelernte nachwirken lassen können. ▪ **Minipause:** Machen Sie nach 30 Minuten eine kleine Pause von 3–5 Minuten. Stehen Sie dabei kurz von Ihrem Arbeitsplatz auf und bewegen Sie sich. ▪ **Entspannungspause:** Spätestens nach 1,5–2 Stunden sollten Sie eine Pause von 15–20 Minuten einlegen. Verlassen Sie dabei, wenn möglich, Ihr Arbeitszimmer und tun Sie etwas Angenehmes oder trinken bzw. essen Sie etwas Leichtes. ▪ **Freizeitpause:** Gönnen Sie sich nach 3–4 Stunden Lernarbeit 1–2 Stunden Erholungspause und genießen Sie die freie Zeit mit einer völlig anderen Tätigkeit.

[2] Fortsetzung: Grundprinzipien des Zeitmanagements

	Montag	**Dienstag**	**Mittwoch**	**Donnerstag**	**Freitag**	**Samstag**	**Sonntag**
8.00–10.00	Schule	Schule	Praxistag		Schule	Arbeiten	
10.00–12.00				Schule			
12.00–14.00							
14.00–16.00	Pause				Lerngruppe	Pause	LERNEN
16.00–18.00	LERNEN	Sport			Sport	LERNEN	Sport
18.00–20.00	Arbeiten	LERNEN	Pause	Pause	Pause	LERNEN	
20.00–22.00		LERNEN		LERNEN	LERNEN		LERNEN
∑ möglicher Lernzeit	2h	4h	0h	2h	4h	4h	4h

[3] Beispiel für einen Wochenarbeitsplan vor einer großen Prüfung

Mein Wochenplan

Uhrzeit	Montag	Dienstag	Mittwoch	Donnerstag	Freitag	Samstag	Sonntag
6.00							
7.00							
8.00							
9.00							
10.00							
11.00							
12.00							
13.00							
14.00							
15.00							
16.00							
17.00							
18.00							
19.00							
20.00							
21.00							
22.00							

[1] Wochenarbeitsplan zur Prüfungsvorbereitung

3.2.2 Gedächtnistechniken

Eine Verbesserung der Gedächtnisleistungen kann sowohl auf der Ebene der Informationsaufnahme, der Informationsspeicherung als auch des Informationsabrufs erfolgen. Verschiedene Techniken, die unter dem Begriff Gedächtnis- oder Memotechniken zusammengefasst sind, können dazu genutzt werden.

Eselsbrücken

Eselsbrücken sind Merksprüche, -sätze, -worte, Reime oder Rhythmen, die mit Bildern oder Symbolen arbeiten. Diese sollten möglichst kreativ sein, damit sie besser im Gedächtnis bleiben.

Wiederholung

Lernstoff muss wiederholt werden, um sich zu festigen. Wiederholungen sind sinnvoll
- kurz nach der ersten Aufnahme der neuen Informationen,
- am darauffolgenden Tag (meist für wenige Minuten, da der Inhalt noch präsent ist),
- nach etwa einer Woche,
- nach etwa einem Monat.

Das Wiederholen sollte angenehm und abwechslungsreich gestaltet werden, indem Sie z. B. sich selbst Fragen stellen, sich von anderen abhören lassen oder aus alten Prüfungsfragen ein Quiz machen.

Loci-Technik

Diese Technik ermöglicht es, sich Begriffe oder Arbeitsabläufe in einer festen Reihenfolge einzuprägen. Erstellen einer Loci-Liste:
1. Plätze festlegen, die einen vertrauten, festen Ablauf darstellen (z. B. das morgendliche Aufstehen: Bett > Wecker > Badezimmer > Handy-Check > Frühstück)
2. Plätze durchnummerieren und Reihenfolge einprägen
3. für die Punkte auf der Liste, die gemerkt werden sollen, je ein Schlüsselwort oder Symbol aussuchen, zu dem Ihnen eine Bildassoziation einfällt (z. B. Loci-Liste Platz 2: Wecker, zu lernender Begriff: Sicherheitsbedürfnis)
4. Merkliste an die Loci-Liste anhängen und eine deutliche Assoziation herstellen

Lernkartei

Wenn eine große Menge an neuen Begriffen gelernt werden soll (z. B. Vokabeln, Fachbegriffe, Fachkonzepte), kann eine Lernkartei angelegt werden. Für Lernkarteien werden in der Regel Karteikarten im Format DIN A6 verwendet (gegebenenfalls in unterschiedlichen Farben für die einzelnen Fach- oder Themengebiete). Arbeit mit der Lernkartei:
- Fachbegriff oder Fragestellung auf die Vorderseite schreiben, Erklärung oder Kernpunkte der Fragestellung auf die Rückseite
- Lernkarten in einen Zettelkasten mit fünf Registern einordnen
- Lernkarte nehmen, Frage lesen und Antwort überlegen
- Lernkarte umdrehen und gedachte Antwort überprüfen
- bei richtiger Antwort wandert die Lernkarte ins folgende Register
- bei falscher Antwort wandert die Lernkarte ein Register zurück bzw. bleibt in Register eins

Tipps:
- Bearbeiten Sie jeden Tag eine begrenzte Anzahl von Lernkarten aus allen Registern.
- Lernen Sie nicht zu viel auf einmal, sondern bearbeiten Sie jeweils mehrere Lernkarten über den Tag verteilt.
- Legen Sie sich entspannt aufs Sofa oder machen Sie dabei einen Spaziergang, wenn Sie mit den Lernkarten arbeiten. Auch beim Warten auf den Bus oder ähnlichen Gelegenheiten sollten Sie immer einige Lernkarten dabeihaben.

Chunking

Es ist dem Gedächtnis nicht möglich, eine unüberschaubare Menge an neuen Informationen innerhalb einer kurzen Zeit aufzunehmen. Deshalb gilt es, diese so zu bündeln, dass die Anzahl von Einzelinformationen reduziert wird.
Die Telefonnummer 86492337 merkt sich z. B. leichter in „Zweierpäckchen" (Chunks): 86-49-23-37.

Mindmapping

Eine Mindmap ist eine „Gedankenlandkarte" und ähnelt in ihrer Struktur den Verknüpfungen in unserem Gehirn. Die Methode hilft dabei, Zusammenhänge übersichtlich darzustellen. Sie eignet sich für sehr viele Aufgaben, wie z. B. Meetings planen und Ergebnisse protokollieren, Informationen sammeln für Präsentationen oder Vorträge, Lernstoff aufbereiten und gliedern.
Erstellen einer Mindmap:
- Nehmen Sie ein unliniertes Blatt quer.
- Schreiben Sie Ihr Thema in die Mitte und umkreisen Sie es.
- Zeichnen Sie rund um dieses Kernwort Linien – „Hauptäste".
- Schreiben Sie auf diese Linien Worte – die ersten, die Ihnen zu Ihrem Kernwort einfallen.
- Zu jedem Wort gibt es weitere Einfälle. Schreiben Sie diese als Stichwörter auf eigene Linien – „Nebenäste".
- Aus jedem Zweig können wiederum neue Zweige für neue Worte wachsen.
- Ordnen Sie die Hauptäste im Uhrzeigersinn um das Kernwort herum.
- Verwenden Sie verschiedene Farben, fügen Sie Pfeile und Symbole ein.

[2] Gedächtnis- und Memotechniken

3.3 Lernen optimal organisieren

3.3.1 Persönliche Lernplanung

Inwieweit ein persönliches Lernvorhaben zum Erfolg führt, hängt von verschiedenen Faktoren ab. In jedem Fall ist ein Lernvorhaben als ein persönliches Projekt zu sehen, das geplant werden muss. Folgende sieben Faktoren sollten für ein Gelingen der persönlichen Lernplanung berücksichtigt werden:

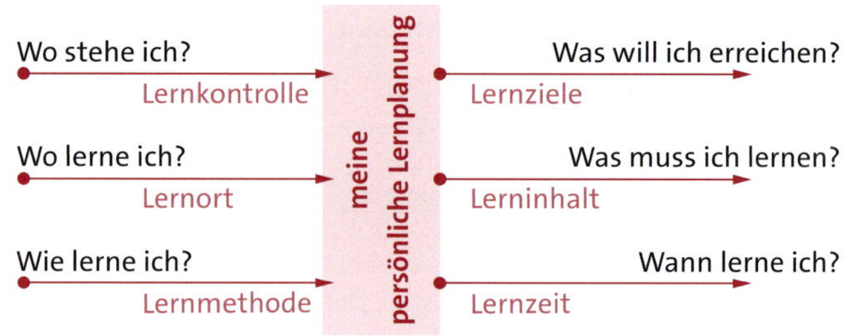

[1] Faktoren der persönlichen Lernplanung

Lernziele geben dem eigenen Lernvorhaben einen Sinn und damit auch eine Richtung. Dabei gilt es, für sich die grundsätzliche Zielsetzung des eigenen Lernvorhabens zu klären, um die nötige Motivation und Ausdauer zu entwickeln.

Aus dieser eher übergeordneten Zielsetzung leiten sich weitere Ziele ab, um das große Ziel zu realisieren. Hierbei ist es wichtig, klare und konkrete Etappenziele zu formulieren, um sich nicht zu verzetteln und den Überblick zu behalten. Die einzelnen Ziele sollten dabei konkrete und eindeutige Beschreibungen für einen angestrebten Zustand sein.

Definieren Sie Ihre Ziele nach dem SMART-Prinzip:
- **s**pezifisch (Ziel konkret und positiv formulieren)
- **m**essbar (Erreichen des Ziels messbar formulieren)
- **a**kzeptiert (Ziel muss akzeptabel und motivierend sein)
- **r**ealistisch (Ziel muss erreichbar, aber auch anspruchsvoll sein)
- **t**erminiert (Ziel sollte einen konkreten Endpunkt haben)

Bezüglich der **Lerninhalte** sollte man sich über zwei Aspekte Gedanken machen:
- Was muss ich wissen? (Welche konkreten Inhalte muss ich mir aneignen?, Was muss ich lernen?)
- Wie gut muss ich es wissen? (Wie ausführlich muss ich mir das Thema aneignen?

Ebenfalls zu planen ist die **Lernzeit**, d. h. welcher Lernstoff in welcher Zeit zu erreichen ist. Besonders vor Prüfungen ist dies eine grundlegende Voraussetzung. Nachdem das zeitliche Endziel festgelegt ist, wird der Lernstoff in zeitliche Teil- und Zwischenziele untergliedert, die in realistischen Zeitabschnitten erreicht werden können. Hierfür ist eine Wochenplanung und gegebenenfalls eine Tagesplanung mit den entsprechenden Pausenzeiten sinnvoll.

Da jeder Mensch ein anderer Lerntyp ist, ist es zudem wichtig, für sich die passende **Lernmethode** zu finden. Hierbei sollte man seine bisherigen Erfahrungen nutzen, aber auch offen für neue Methoden sein. In manchen Fällen kommt es nicht nur auf die Wahl der passenden Methode an, sondern auch auf die Abfolge, in der sich die Methoden aneinanderreihen.
Aus den folgenden Lernprinzipien sollten Sie diejenigen auswählen, die am besten zum Lernstoff passen und Ihnen am meisten liegen:
- möglichst viele Sinneskanäle beim Lernen aktivieren
- vom Lernstoff Bilder und Assoziationen entwickeln
- Lernstoff kritisch hinterfragen
- vom Gesamtüberblick zum Einzelnen lernen
- Lernstoff strukturieren und übersichtlich gliedern
- Lernstoff mit eigenen Erfahrungen in Verbindung bringen
- Unverständliches nachfragen oder nachschlagen
- Lernstoff in eigene Worte fassen
- Lernstoff in regelmäßigen Zeitabständen wiederholen

Für das erfolgreiche Lernen ist eine passende **Lernumgebung** zu wählen und entsprechend zu gestalten. Optimal gelernt werden kann, wenn z. B.

- alle wichtigen Unterlagen griffbereit und schnell zugänglich sind (Schreibgeräte, Fachbücher, Büromaterial, Ordner, Karteikarten, PC/Laptop),
- der Arbeitsstuhl nicht zu unbequem ist,
- ausreichend frische Luft vorhanden ist sowie eine Raumtemperatur herrscht, die knapp unterhalb der Behaglichkeitsgrenze liegt,
- ungestörtes Lernen möglich ist.

Auch **Lernkontrollen** sind in regelmäßigen Abständen notwendig. Hierbei geht es nicht nur darum, zu sehen, was noch nicht „sitzt" und wiederholt werden muss, sondern auch darum, die Fortschritte zu betrachten, die gemacht wurden.

Lerndokumentationen (z. B. Lerntagebücher) bieten die Möglichkeit, über Lernfortschritte, Probleme und gegebenenfalls verschiedene Lernmethoden zu reflektieren.

Datum: Lernzeit:

Lernthema:

Tagesziel:

Woran/womit habe ich gearbeitet?

Was habe ich Neues gelernt?

Womit habe ich Probleme? Welche Fragen habe ich?

Woran werde ich weiterarbeiten? Was werde ich benötigen?

Bemerkung:

[2] Lerntagebuch

3.3.2 Prüfungsvorbereitung

Damit die Prüfungsvorbereitung nicht zu einem unnötigen Stressfaktor wird, ist eine gute und systematische Planung unumgänglich. Ein kurzfristiges „Pauken" unmittelbar vor einer zu erwartenden Prüfung führt selten zu dem erhofften Erfolg.

Wichtige **Schritte einer guten Prüfungsvorbereitung** sind:

technische Vorbereitung (Zeitbedarf 5 %)	▪ Besorgen aller benötigten Materialien (Literatur, Bücher, Skripte, Prüfungsfragen oder Klausuren etc.) und der erforderlichen Informationen zur Prüfung (Prüfungsordnung, Termine etc.) ▪ Kontakt zum Prüfer herstellen, um auftretende Fragen zu klären ▪ Hinweise über Prüfungsstil von Mitschülern einholen ▪ Umgebung und Freunde informieren, dass man sich auf eine Prüfung vorbereitet ▪ Analyse bisheriger Prüfungserfahrungen und Ableiten von Konsequenzen ▪ Erstellung eines Zeitplans mit Pufferzeiten und Freizeitblöcken
Informationsaufbereitung (Zeitbedarf 40 %)	▪ Zusammenstellung der zu bearbeitenden Materialien ▪ Abschätzung der Wichtigkeit einzelner Informationsquellen ▪ Lernstoff „diagonal" durcharbeiten, um sich einen Überblick zu verschaffen ▪ Zusammenfassungen wichtiger Informationen erstellen (Exzerpieren; Mindmap) ▪ gesamten Prüfungsstoff in eine übersichtliche Struktur bringen (Mindmap)
Aneignung des Lernstoffes (Zeitbedarf 20 %)	▪ einzelne Themenfelder wiederholen ▪ eigene Aufzeichnungen nachlesen ▪ Lerngruppen bilden und Austausch mit Mitschülern ▪ bei schriftlichen Prüfungen Probeklausuren bearbeiten ▪ bei mündlichen Prüfungen Kurzvorträge zu Prüfungsfragen halten ▪ Probeprüfungen zur Wissenskontrolle durchführen
Vertiefung durch Wiederholen (Zeitbedarf 5 %)	▪ einzelne Themen wiederholen ▪ vor der Prüfung keinen neuen Stoff mehr hinzufügen ▪ für die Prüfung Ruhe und Zuversicht bewahren
Freizeit und Reservezeit (Zeitbedarf 30 %)	▪ ausreichend Zeit für körperliche Bewegung und Sport einplanen ▪ Pufferzeiten für mögliche Probleme während der Lernphasen planen

[1] Zeitplanung für die Prüfungsvorbereitung

Hilfreich für die Zeitplanung ist es, rückwärts zu planen. Dies bedeutet, vom Termin der Prüfung ausgehend zunächst die Überprüfungszeit, dann die Vertiefungszeit, die Hauptzeit mit der Aneignung und Aufbereitung des Lernstoffs und zuletzt die Vorbereitungsphase zu planen. Ein freier Tag vor der Prüfung sollte ebenfalls eingeplant werden.

4 Lernen in der Gruppe

Neben dem Lernen in Einzelarbeit gibt es immer wieder Anlässe für das Lernen in der Gruppe. Das Lernen im sozialen Austausch beginnt in der Familie und setzt sich in gesellschaftlichen Institutionen wie Kindergarten und Schule fort.

4.1 Vorteile gemeinsamen Lernens

Die Gruppenarbeit hat gegenüber der Einzelarbeit zahlreiche Vorteile:
- Erledigung schwieriger Aufgaben gelingt im Team besser
- Profitieren vom Wissen und der Hilfe anderer
- Kennenlernen neuer Sichtweisen/Perspektiven
- Verpflichtung gegenüber anderen erhöht den Druck mitzuarbeiten und stärkt das Selbstwertgefühl
- befriedigt das menschliche Bedürfnis nach Respekt, Anerkennung und Austausch mit anderen

4.2 Kooperatives Lernen

Arbeitsgruppen bieten die Möglichkeit des kooperativen Lernens. Die Gruppenmitglieder teilen sich eine Gesamtaufgabe, lösen diese in Teilaufgaben und verbinden die individuellen Lösungen zu einem Gesamtergebnis. Dem kooperativen Lernen liegen **fünf Elemente** zugrunde:
- **positive Abhängigkeit** bewirkt Gemeinschaftsgefühl durch gemeinsames Ziel
- **individuelle Verantwortungsübernahme** jedes einzelnen am Erfolg der Gruppe
- **Prozessreflexion** und gegebenenfalls Verbesserung des Arbeitsprozesses durch die Gruppe
- **soziale Fähigkeiten** ermöglichen eine gute Kommunikation, Vertrauen, konstruktiven Umgang mit Konflikten und Entscheidungsfreudigkeit
- **direkte Interaktion** der Gruppenmitglieder untereinander

4.3 Voraussetzungen für gemeinsames Lernen

Voraussetzungen für eine erfolgreiche Gruppenarbeit sind
- klare Aufgabenstellungen,
- eine arbeitsbereite, arbeitsfähige Gruppe,
- gutes Informationsmaterial,
- idealerweise eine Gruppengröße von drei bis fünf Personen,
- hinsichtlich der Leistungsfähigkeit ähnliche Gruppenmitglieder,
- Disziplin, gegenseitige Akzeptanz, Offenheit und Kooperation.

Problematisch wird die Gruppenarbeit, wenn Aufgaben durch mangelnde Beteiligung und Kommunikation oder Missstimmungen nicht oder nur wenig zufriedenstellend erledigt werden. Hilfreich ist es daher, gemeinsame **Gruppenregeln** zu vereinbaren (z. B.: „Es spricht immer nur eine Person.“ „Unterschiedliche Meinungen werden diskutiert, aber nicht bewertet.“).

4.4 Arbeitsprozess in der Gruppe

4.4.1 Rollen- und Aufgabenverteilung

Gruppenarbeit ist Teamarbeit. Die Mitglieder des Arbeitsteams übernehmen unterschiedliche Rollen oder teilen sich Rollen zu:

Moderator/-in	▪ leiten das Treffen ▪ gliedern den Sitzungsverlauf ▪ achten auf Pausen und darauf, dass die Arbeit weitergeht ▪ halten sich in größeren Gruppen inhaltlich zurück und fassen Meinungen zusammen, ohne zu kommentieren ▪ arbeiten in kleineren Gruppen häufig mit, um den Erfahrungs- und Wissensspielraum groß genug zu halten ▪ achten auf die Erstellung und Einhaltung der Gruppenregeln ▪ schließen die Arbeitssitzung mit einer kurzen Reflexion über aktuellen Stand und Befinden der Teilnehmenden hinsichtlich der Zusammenarbeit ab
Protokollant/-in	▪ sichern die Ergebnisse und sorgen dafür, dass diese immer eingesehen werden können
Zeitwächter/-in	▪ achten darauf, dass die Aufgaben in der gegebenen Zeit fertiggestellt werden können
Präsentierende	▪ stellen gemeinsam das Ergebnis angemessen vor

[1] Rollen und Aufgaben innerhalb eines Arbeitsteams

4.4.2 Möglicher Verlauf einer Gruppenarbeit

Gruppenarbeiten können z. B. folgenden Verlauf haben:

1. **Vorbereitung (Was ist konkret zu tun?):**
   - Ankommen (z. B. Tische so stellen, dass mit der ganzen Gruppe Blickkontakt möglich ist)
   - Lesen der Arbeitsaufgabe, Sichten des Informationsmaterials
   - Klärung von evtl. aufkommenden Fragen oder Verständnisschwierigkeiten
2. **Fragestellungen und Zielsetzungen (Wie soll vorgegangen werden?, Was ist das Ziel?):**
   - Klärung der Fragestellungen und Zielsetzungen, unter denen die Aufgabe bearbeitet werden soll
3. **Durchführung (Wie werden welche Aspekte in welcher Aufgabenverteilung bearbeitet?):**
   - Informationssammlung (z. B. Texte, Bilder)
   - Auswählen und Sortieren der gesammelten Beiträge
   - Fragen und Ziele überprüfen und evtl. neu anlegen, ausrichten oder konkretisieren
   - die Lernziele in Einzelarbeit, Untergruppen oder in der Gruppe erarbeiten und überprüfen
   - sich die Arbeitsergebnisse mit Blick auf die Zielsetzung vorstellen und ggf. diskutieren
4. **Abschluss (Wie soll das Ergebnis aussehen und präsentiert werden?):**
   - Arbeitsergebnisse zusammenstellen und der Zeitvorgabe anpassen
   - endgültige Absprache, Aufteilung und Vorbereitung der Präsentation
5. **Bewertung (Wie ist die gemeinsame Arbeit verlaufen?):**
   - Evaluation/Feedback (Reflexion des Gesamtablaufes und des Gruppenprozesses)

D
Prüfungsaufgaben

1 Entwicklung und Erziehung bei Kindern

In der Kita „Apfelkern“ gibt es ein neues Mädchen: Sina Rasic, fünf Jahre alt. Die Kita hat die Eltern von Sina zum Gespräch eingeladen. Es entwickelt sich folgendes Gespräch zwischen der Erzieherin und der Mutter:

Erzieherin: „Wie läuft es denn mit der Sina gerade zu Hause so?“
Mutter: „Mit der Sina ist es gerade ganz schwierig. Sie sitzt nie still, hört nicht zu und hält sich nicht an meine Regeln. Ich habe langsam keine Kraft mehr, ihr dauernd sagen zu müssen, was sie nicht tun soll.“
E.: „Können Sie mir da ein Beispiel geben?“
M.: „Na ja, ich habe z. B. die Regeln aufgestellt, wenn sie nicht auf mich hört, sie ins Bett gehen muss. Oder, dass, wenn sie nicht aufräumt, sie abends kein TV mehr gucken darf.“
E.: „Und haben Sie in Ihrem Umfeld noch anderweitig Unterstützung?“
M.: „Na, es gibt noch eine junge Frau, ich glaube, sie ist eine Sozialassistentin, die mir zweimal in der Woche unter die Arme greifen soll.“
E.: „Und, was macht sie so?“
M.: „Nichts, da ich das nicht möchte!“
E.: „Aber sie könnte sie doch unterstützen.“
M.: „Nee, ich will die junge Frau nicht belasten. Von Sina erwarte ich einfach, dass sie tut, was ich sage, und wenn sie das nicht macht, gibt es eine Strafe. Und dann wird das schon funktionieren.“
E.: „Und wie würden Sie ihre Beziehung zu Sina beschreiben?“
M.: „Wenn ich ehrlich bin, sehr distanziert.“
E.: „Und unternehmen Sie beide auch mal was zusammen?“
M.: „Wie denn? Ich habe doch kein Geld und Sina will immer nur Dinge machen, die Geld kosten. Dann sag’ ich nein, dann haut sie mich und sagt böse Wörter und ich schick’ sie dann in ihr Zimmer. Manchmal habe ich sie auch schon geschlagen, wenn sie nicht brav war …
Aber wie läuft es denn hier bei Ihnen in der Kita?“
E.: „Im Kontakt mit uns, den Erzieherinnen, zeigt sie sich sehr offen. Sie fragt immer, ob wir was spielen wollen, und erledigt mit Begeisterung ihre Aufgaben. Wenn wir etwas verbieten, dann erklären wir ihr warum und versuchen einen Kompromiss zu finden. Mit Fragen kommt sie zu uns und wir suchen gemeinsam nach Lösungen. Gerade sammelt sie eifrig Sterne, denn für jedes Mal, wenn sie ihren Tischdienst erledigt hat, bekommt sie ein Lob und den Stern. Das hatten wir im Morgenkreis mit allen Kindern besprochen und festgelegt. Das gefällt ihr gut.“
M.: „Toll, das hat sie mir gar nicht erzählt.“

Fachliche Schwerpunkte der Situation:

TIPPS für die Prüfung

Lesen Sie die Fragestellungen genau durch, bevor Sie antworten.
Schreiben Sie bitte deutlich und mit Abstand zwischen den Zeilen, lassen Sie außen einen Rand von ca. 4 cm und nummerieren Sie die Seiten.
Beantworten Sie Fragen in ganzen Sätzen, wenn Sie etwas erläutern, beschreiben oder begründen sollen. Wenn Sie etwas benennen sollen, können Sie auch in Stichpunkten antworten.
Beachten Sie die Regeln der Rechtschreibung.
Es erfolgt ein Abzug bei Verstößen gegen die sprachliche Richtigkeit: Bei einem Fehlerquotienten von mehr als 4 Fehlern auf 100 Wörter sinkt die Note in der Regel um eine Teilnote, bei mehr als 7 Fehlern auf 100 Wörter sinkt die Note in der Regel um zwei Teilnoten.
Zählen Sie nach Anfertigung der Arbeit die Wörter und notieren Sie die Anzahl.

Mögliche Prüfungsaufgaben

1. Aufgabe

Kreuzen Sie die richtigen Aussagen zum Begriff „Entwicklung" an.

- ☐ Entwicklung findet nur in einer ganz bestimmten Altersstufe statt.
- ☐ Entwicklung ist eine Abfolge von Veränderungen, die bei jedem Menschen unterschiedlich verläuft.
- ☐ Entwicklung ist ein Prozess, d.h., dass sich etwas nach und nach verändert.
- ☐ Die Entwicklung eines Menschen erfolgt in einer umkehrbaren Reihenfolge.
- ☐ Die Entwicklung eines Menschen ist niemals nur durch Anlagebedingungen alleine vorherbestimmt.

Lösungsvorschläge

- ☐ Entwicklung findet nur in einer ganz bestimmten Altersstufe statt.
- ☒ Entwicklung ist eine Abfolge von Veränderungen, die bei jedem Menschen unterschiedlich verläuft.
- ☒ Entwicklung ist ein Prozess, d.h., dass sich etwas nach und nach verändert.
- ☐ Die Entwicklung eines Menschen erfolgt in einer umkehrbaren Reihenfolge.
- ☒ Die Entwicklung eines Menschen ist niemals nur durch Anlagebedingungen alleine vorherbestimmt.

2. Aufgabe

Definieren Sie den Begriff „Erziehung".

Lösungsvorschlag

Erziehung bedeutet, Menschen mithilfe von beabsichtigten Methoden in ihrer Entwicklung zu fördern und ihren Charakter zu formen.

3. Aufgabe

Beschreiben Sie die drei Ziele von Erziehung in eigenen Worten und ganzen Sätzen.

Lösungsvorschlag

Mit der Erziehung sollen drei Ziele erreicht werden: die Enkulturation, d.h. das Hineinwachsen in eine Gesellschaft, die Sozialisation, d.h. die Anpassung an die Gesellschaft, und die Personalisation, d.h. die Entwicklung der Persönlichkeit.

4. Aufgabe

Erklären Sie zwei der vier Stufen der kognitiven Entwicklung nach Jean Piaget in eigenen Worten und in ganzen Sätzen.

Lösungsvorschläge

Sensumotorisches Stadium (Geburt bis 24 Monate)

- Handlungen sind überwiegend instinktorientiert
- Üben und ausprobieren von Handlungen (Versuch und Irrtum) führen zu Ergebnissen
- eine Handlung, die zu einem angenehmen Ergebnis führt, wird wiederholt (Lernen durch Verstärkung)
- sobald Kinder erkennen, dass ihre Handlungen Auswirkungen auf die Umwelt haben, wird auch das Denken angeregt; Beispiel: ein Kind kann einen Stock dazu benutzen, Gegenstände in seine Reichweite zu bringen, obwohl es ihn niemals vorher dafür genutzt hat
- Objektpermanenz entwickelt sich

Präoperatorisches Stadium (2. bis 7. Lebensjahr)

- Egozentrismus
- Zentrierung: Kinder können sich nur auf ein Merkmal konzentrieren
- magisches Denken
- Drei-Berge-Modell
- Umschüttaufgabe

Stadium der konkreten Denkoperationen (7. bis 11. Lebensjahr)

- Kinder in diesem Alter können sich auf mehrere Merkmale gleichzeitig konzentrieren.
- Kinder können sich Dinge vorstellen (Lernen durch Einsicht) und logische Schlussfolgerungen ziehen.
- Sie können zum Ende hin die Perspektive anderer übernehmen, lernen Empathie und reflektieren.
- Wenn ein Kind hypothetisches Denken beherrscht (z. B. Menschen sterben → mein Vater ist ein Mensch → auch mein Vater kann sterben), ist der Übergang zur nächsten Phase gegeben.

Stadium der formalen Denkoperationen (ab dem 11. Lebensjahr)

- Das Denken wird abstrakt.
- Jugendliche machen sich Gedanken über konkrete Daseinsfragen.
- Sie verschaffen sich einen Gesamtüberblick über Situationen, ziehen logische Schlussfolgerungen und finden neue Lösungen.
- Kinder nutzen in dieser Phase ein logisches Problemlöseverhalten (Was wäre, wenn ...?).

5. Aufgabe

Geben Sie in eigenen Worten (mithilfe eines Beispiels) wieder, was Objektpermanenz bedeutet.

Lösungsvorschlag

Objektpermanenz ist das Wissen, dass Objekte weiter vorhanden sind, auch wenn sie aus dem Sichtfeld verschwunden sind, z. B. das Kind weiß, dass der Teddy, der hinter dem Rücken versteckt ist, noch da ist, und fängt an zu suchen.

6. Aufgabe

Beschreiben Sie in ganzen Sätzen das Erzieherverhalten der Mutter. Welchen Erziehungsstil nach Lewin würden Sie dem Verhalten zuordnen? Schreiben Sie die Textzeilen auf, auf die Sie sich beziehen.

Lösungsvorschläge

Das Erzieherverhalten der Mutter hat viele Kennzeichen des autoritären Erziehungsstils. Belege im Text:

- Mutter legt die Regeln fest (Zeile 9)
- Mutter bestraft Jenny (Zeile 10)
- Beziehung ist distanziert (Zeile 20)
- Mutter droht und schlägt (Zeilen 18, 24)
- Mutter entscheidet, was getan wird (Zeile 6)

7. Aufgabe

Beschreiben Sie in ganzen Sätzen das Erzieherverhalten der Erzieherin. Welchen Erziehungsstil nach Lewin würden Sie diesem Verhalten zuordnen? Schreiben Sie die Textzeilen auf, auf die Sie sich beziehen.

Lösungsvorschläge

Das Erzieherverhalten der Erzieherin hat Merkmale des demokratischen Erziehungsstils. Belege im Text:

- Dinge werden erklärt (Zeile 27)
- Kompromisse werden gefunden (Zeile 28)
- Lob und Tadel sind sehr sachbezogen (Sterne sammeln, Zeile 29)
- Sterneprojekt wurde zusammen beschlossen (Zeile 31)

8. Aufgabe

Beziehen Sie zu folgendem Zitat Stellung: *„Was aus einem Menschen wird, das liegt an seiner Umwelt, insbesondere an seiner Erziehung. Da kann man sehr viel machen.“* Nutzen Sie bitte Ihr Wissen um die Anlage-Umwelt-Debatte.

Lösungsvorschläge

Ich finde, das Zitat drückt aus, dass die Entwicklung eines Menschen von außen, also durch exogene Faktoren, bestimmt ist. Der Autor gehört zu den Umwelttheoretikern. Diese vertreten die Meinung, dass alles, was aus einem Menschen werden kann, in der Verantwortung dieser exogenen Faktoren liegt. Man nennt diese Menschen auch pädagogische Optimisten.

In der Anlage-Umwelt-Debatte gibt es aber auch jene Theoretiker, die sagen, dass die Entwicklung nur durch die Erbanlagen (Gene = endogene Faktoren) bestimmt ist. Diese nennt man auch die pädagogischen Pessimisten, da Erziehung hier gar keine Bedeutung mehr hat.

Ich finde das Zitat gut, aber nicht ausreichend, um die Entwicklung eines Menschen zu erklären. Natürlich ist vieles im Menschen durch Erbanlagen bereits festgelegt, aber die Umwelt und v. a. meine Erziehung und meine Sozialisation tragen wesentlich zu meiner Entwicklung bei. Darüber hinaus kann ich selber aktiv etwas tun, um mich in eine bestimmte Richtung zu entwickeln. Hierfür benötige ich Selbstvertrauen und ein gesundes Selbstwertgefühl sowie die Überzeugung, etwas aus eigenen Kräften zu schaffen. Grundlegend für diese Kompetenzen sind aber auch hier ein Umfeld (eine Umwelt) und Menschen, die mich bestärken und positiv auf meine Bedürfnisse eingehen.

Ergänzungen zu den Prüfungsaufgaben:

2 Wahrnehmung und Beobachtung bei Kindern

Beobachtungsprotokoll vom 06.12.2017 von 9.56 bis 10.08 Uhr

Zielperson und Hintergrundinformationen
Charly, 5 Jahre, seit zwei Monaten in der Kita, Gruppe „Biberbau". Er lebt mit seinen Eltern und seinen drei größeren Brüdern in Rosenstatt, in einem großen Sozialwohnungsviertel.

Beobachtungsziel
Ich möchte sehen, wie Charly mit anderen Kindern spielt.

Beobachtungsthema
Der soziale Bereich: Wie geht Charly mit anderen Kindern in Kontakt und wie verhält er sich beim gemeinsamen Spiel?

9.56 Uhr
Charly läuft in den Garten und nimmt sich den herumliegenden Fußball. Er wirft ihn vor sich und tritt mit dem rechten Fuß nach ihm. Dabei ruft er: „Wer will mit mir Fußball spielen?". Peter, der sich noch beim Herausgehen befindet, rennt auf Charly zu und ruft laut: „Ja, ich will mitspielen!".

10.00 Uhr
Charly kickt mit dem rechten Fuß den Ball zu Peter. Dieser greift mit beiden Händen den Ball, hebt ihn hoch und wirft ihn zu Charly. Charly zieht die Augenbrauen hoch und sagt mit lauter Stimme: „Nein, nicht so". Dann nimmt er den Ball, legt ihn vor Peters rechten Fuß und sagt: „Bitte, mit dem Fuß spielen".

10.02 Uhr
Peter zieht seinen rechten Fuß zurück und tritt nach dem Ball. Charlys Mundwinkel ziehen sich nach oben und er ruft: „Ja, genau!".
Beide spielen eine Zeit lang den Ball hin und her. Dann sieht Charly Yael am Klettergerüst. Er dreht sich von Peter weg und rennt zum Gerüst.

10.05 Uhr
Charly klettert zu Yael auf das Gerüst und sagt:" Hallo, Yael". Yael schaut ihn an und sagt: „Fang mich." Dann springt sie vom Gerüst und Charly ebenfalls. Beide spielen Fangen.

10.08 Uhr
Charly rennt an Peter vorbei und ruft ihm zu: „Komm, spiel mit!"

Fachliche Schwerpunkte der Situation:

TIPPS für die Prüfung

Lesen Sie bitte das Fallbeispiel und die Aufgabenstellungen genau durch.
Alle Fragestellungen beziehen sich auf das Fallbeispiel.
Beantworten Sie Fragen in ganzen Sätzen, wenn Sie etwas erläutern, beschreiben oder begründen sollen. Wenn Sie etwas benennen sollen, können Sie auch in Stichpunkten antworten.
Beachten Sie die Regeln der Rechtschreibung.
Zählen Sie bitte Ihre Wörter.

Mögliche Prüfungsaufgaben

1. Aufgabe

Beobachtungen werden unterschieden in fachliche Beobachtungen und Alltagsbeobachtungen.

a Beschreiben Sie den Unterschied zwischen einer fachlichen und einer Alltagsbeobachtung.

b Arbeiten Sie fünf Gründe heraus, warum das Beobachtungsprotokoll im Fallbeispiel ein Dokumentationsbeispiel für eine fachliche Beobachtung ist.

Lösungsvorschläge

a Eine Alltagsbeobachtung geschieht eher ungeplant und allgemein. Sie dient dem Sammeln von grundsätzlichen Informationen. Eine fachliche Beobachtung erfolgt gezielt, um Sachverhalte zu klären oder um weitere Handlungen, z. B. eine Angebotsplanung, anzuschließen. Es erfolgen immer eine Planung im Voraus und eine Auswertung im Anschluss.

b Es handelt sich im Fallbeispiel um eine fachliche Beobachtung, da neben der Zielperson auch Hintergrundinformationen genannt werden. Ein Beobachtungsziel und ein Beobachtungsthema werden genannt. Weiterhin deuten die Dokumentation und die Zeitangaben auf eine Planung.

2. Aufgabe

Nennen Sie die vier Beobachtungsthemen im sozialen Bereich und erläutern Sie jedes Thema anhand eines Beispiels.

Lösungsvorschläge

- kognitive Beobachtung: alles, was mit dem Denken zu tun hat, z. B. Merkfähigkeit beim Memory-Spiel
- soziale Beobachtung: alles, was mit dem menschlichen Miteinander zu tun hat, z. B. das Verhalten in der Gruppe
- affektive Beobachtung: alles, was mit Gefühlen zu tun hat, z. B. Umgang mit Niederlagen, Freude
- motorische Beobachtung: alles, was mit Bewegung zu tun hat, z. B. wie klettert das Kind, wie hält es eine Schere

3. Aufgabe

Erklären Sie den Unterschied zwischen einer teilnehmenden und einer nicht-teilnehmenden Beobachtung.

Lösungsvorschläge

Bei einer teilnehmenden Beobachtung nimmt der Beobachter am Geschehen teil. Dadurch kann er die beobachteten Personen direkt erleben.
Bei einer nicht-teilnehmenden Beobachtung hält sich der Beobachter bewusst zurück und nimmt nicht am Geschehen teil. Dadurch ist der Beobachter weniger abgelenkt und kann konzentrierter beobachten.

4. Aufgabe

Nennen und erklären Sie vier Beobachtungsfehler.

Lösungsvorschläge

- Einstellungsfehler: Die eigene Meinung wird zum Maßstab genommen, Subjektivität geht verloren.
- Halo-Effekt (Pygmalion-Effekt): Bestimmte Merkmale oder Eigenschaften werden auf eine ganze Person verallgemeinert.
- Milde-Effekt: Aus Mitleid werden negativ bewertete Verhaltensformen ausgeblendet.
- Kontrastfehler: Hier wird das beobachtet und tritt in den Vordergrund, was im Kontrast zu den eigenen Persönlichkeitsmerkmalen oder Werteinstellungen steht.
- Vorrangs-Effekt: Der erste Eindruck beeinflusst das Bild der betroffenen Person.
- Der letzte Eindruck: Häufig tragen die letzten Eindrücke, die wir machen, dazu bei, dass wir nachträglich unser Bild der Person verändern.

5. Aufgabe

Nennen Sie drei Faktoren, die die Durchführung von Angeboten erschweren können.

Lösungsvorschläge

- Niemand meldet sich für ein Angebot an.
- Angemeldete Teilnehmer erscheinen nicht.
- Es kommen zu viele interessierte Teilnehmer.
- Die Teilnehmer sind vom Angebot unter- oder überfordert.

6. Aufgabe

Erarbeiten Sie zu den in Aufgabe 5 genannten drei Faktoren jeweils eine Lösungsmöglichkeit.

Lösungsvorschläge

- Niemand meldet sich für ein Angebot an: das Angebot stärker bekannt machen, persönliches Ansprechen der Zielgruppe, nach Interessen der Zielgruppe fragen.
- Angemeldete Teilnehmer erscheinen nicht: Zeit und Ort stärker hervorheben, Rücksprache halten, was Hindernisgrund sein könnte.
- Es kommen zu viele interessierte Teilnehmer: das gleiche Angebot zu anderen Terminen anbieten, die Gruppe teilen, Klärung, ob es personelle Verstärkung gibt.
- Die Teilnehmer sind vom Angebot unter- oder überfordert: Angebote mit unterschiedlichem Schweregrad vorbereiten, Fähigkeiten der Teilnehmer im Voraus erfragen.

7. Aufgabe

Ein Ziel von fachlichen Beobachtungen ist es, für Menschen bestmögliche Unterstützungsangebote zu konzipieren.

a Werten Sie die fachliche Beobachtung von Charly aus.

b Planen Sie unter Verwendung der W-Fragen ein Beschäftigungsangebot für die Kinder der Gruppe „Biberbau".

Lösungsvorschläge

a Die Auswertung könnte sinngemäß lauten:
Charly ist offen und nimmt direkten Kontakt mit Kindern auf, mit denen er spielen will. Er kann klar benennen, was er spielen möchte. Er gibt anderen Kindern Hilfestellung und bezieht sie mit ins Spiel ein. Es scheint, dass die Kinder Charly mögen, denn er bekommt nur positive Rückmeldungen im Spiel.

b Ein Beispiel für ein Beschäftigungsangebot könnte sinngemäß lauten:
Da Charly gerne mit anderen Kindern spielt, vor allem Spiele mit Bewegung, habe ich mir überlegt, mit der Kitagruppe von Charly (Sozialform) einen Stuhlkreis mit Musik zu spielen (was, mit wem). Ich selber bewege mich sehr gerne und bin gut darin, bekannte Spiele abzuwandeln (wer). Mit dem nun folgenden Spiel möchte ich den Gruppenzusammenhalt und die Bewegungsfreude (wozu) der Gruppe stärken. Damit es keine Verlierer gibt, wandle ich das Spiel wie folgt um: Es wird ein Stuhl rausgenommen, anstatt dass ein Mitspieler gehen muss. Das bedeutet, dass sich pro Runde immer mehr Leute auf immer weniger Stühlen verteilen. Auf wie viele Stühle schafft es die Gruppe sich hinzusetzen, ohne dass einer stehen muss? Es sollten aber nur stabile Stühle zum Einsatz kommen, die auch drei bis vier Personen aushalten. Wichtig sind noch ein CD-Player und eine CD mit Kindermusik (Materialien).
Ich habe mir überlegt, das Spiel am Freitag in der Freispielphase von 10.00 bis 10.30 Uhr zu spielen. Das Frühstück wurde dann schon eingenommen und zu diesem Zeitpunkt sind alle Kinder energiegeladen (wann). Ich werde dafür in die Turnhalle gehen und die Stühle aufbauen. Dann hole ich die Gruppe ab. Alle Kinder setzen sich auf einen Stuhl und ich erkläre das Spiel. Nach einer Proberunde beginnen wir mit dem Spiel (wie).

Ergänzungen zu den Prüfungsaufgaben:

3 Kommunikation

Julius Scherff, 5 Jahre alt, besucht seit drei Monaten die Kita „Streifenhörnchen" und die Erzieherin hat die Mutter zum Gespräch eingeladen. Sie dürfen dem Gespräch beisitzen, ohne dass die Mutter gefragt wurde.

Erzieherin: „Ich freue mich, dass Sie es trotz der vielen Arbeit, die Sie momentan haben, geschafft haben, zu kommen."
Mutter sitzt mit verschränkten Armen am Tisch: „Was willst Du denn damit sagen? Dass ich mich nicht für meinen Sohn interessiere?"
Erzieherin atmet tief ein: „Nein, wie kommen Sie denn darauf? Ich finde es bemerkenswert, wie Sie alles meistern!"
Mutter nimmt das Handy in die Hand: „Aha, danke ... Also, was ist los mit Julius? Macht er Probleme?"
Erzieherin schaut die Mutter an und antwortet: „Probleme würde ich es nicht nennen. Er ist gut in der Gruppe angekommen. Er traut sich sogar seit ein paar Tagen ohne Begleitung einer Erzieherin in den Garten hinaus."
Mutter verschickt eine SMS und sagt: „Der soll sich mal nicht so anstellen. Der ist doch alt genug, um auch mal alleine was zu machen."
Erzieherin lächelt und sagt bewertend: „Er ist fünf Jahre alt. Ich denke, dass es vollkommen in Ordnung ist, wenn er noch eine Begleitung einfordert."
Mutter tippt weiter auf dem Handy rum, fällt der Erzieherin ins Wort und sagt mit lauter Stimme: „Willst Du mir jetzt erzählen, wie ich meinen Sohn zu erziehen habe?"
Erzieherin schreckt zurück und antwortet: „Nein!"
Mutter steht auf: „Das hoffe ich auch, denn letztendlich bist Du hier zuständig und ich muss mich so nicht behandeln lassen."
Erzieherin steht auch auf und legt ihre Hand auf den Arm der Mutter: „Frau Scherff, natürlich ist es meine Arbeit, mich um Julius zu kümmern, aber wir müssen zum Wohl des Kindes an einem Strang ziehen. Da hilft es nicht, wenn sie mich hier angreifen!"
Mutter schüttelt die Hand ab und nimmt ihre Tasche vor die Brust: „Ich greife Dich nicht an! Ich sage Dir nur, was Du zu tun hast!"
Erzieherin verzieht das Gesicht und sagt: „Ich weiß schon ganz gut, was meine Aufgaben sind."
Mutter lacht laut auf: „Haha, das glaub' ich nicht!"
Erzieherin erwidert: „Vielleicht sollten Sie mal zu Hause ihre Erziehungsaufgaben erledigen, dann würden wir jetzt hier nicht sitzen."
Mutter dreht sich um und sagt im Weggehen: „Das reicht, ich werde mich über Dich beschweren!"

Fachliche Schwerpunkte der Situation:

TIPPS für die Prüfung

Lesen Sie bitte das Fallbeispiel und die Aufgabenstellungen genau durch.
Alle Fragestellungen beziehen sich auf das Fallbeispiel.
Beantworten Sie Fragen in ganzen Sätzen, wenn Sie etwas erläutern, beschreiben oder begründen sollen. Wenn Sie etwas benennen sollen, können Sie auch in Stichpunkten antworten.
Beachten Sie die Regeln der Rechtschreibung.
Zählen Sie bitte Ihre Wörter.

Mögliche Prüfungsaufgaben

1. Aufgabe

Nennen Sie vier Bereiche, welche die nonverbale Kommunikation umfassen.

Lösungsvorschlag

Die nonverbale Kommunikation umfasst folgende Bereiche: Mimik, Gestik, Blickkontakt, Körperhaltung, Bewegung, Kleidung, Körperkontakt.

2. Aufgabe

Nennen Sie die drei Wege, auf denen verbale Kommunikation erfolgt.

Lösungsvorschlag

Die drei Wege, auf denen die verbale Kommunikation stattfindet: im direkten Gespräch, in einem Telefonat oder über den Schriftverkehr (E-Mail, SMS, Fax, Brief).

3. Aufgabe

Es gibt verschiedene Kommunikationsmodelle:

a Erklären Sie das Sender-Empfänger-Modell der Kommunikation.

b Erläutern Sie die Ebenen der Kommunikation nach dem Vier-Ohren-Modell von Schulz v. Thun.

Lösungsvorschläge

a Das Sender-Empfänger-Modell ist das Grundmodell der Kommunikation. Dieses Modell besagt, dass Kommunikation aus mindestens drei Teilen bestehen muss: einem Sender, einer Nachricht und einem Empfänger. Der Sender kodiert (verschlüsselt) eine Nachricht und schickt sie mithilfe eines Mediums (z. B. Sprache) zum Empfänger. Dieser dekodiert (entschlüsselt) die Nachricht und gibt dem Sender ein Feedback. Damit wird der Empfänger zum Sender und der Sender zum Empfänger.

b Gemäß dem Kommunikationsmodell nach Schulz von Thun hat jede Nachricht vier Ebenen:

- Sachinhaltsebene: Was sind die Fakten? Was ist der sachliche Inhalt?
- Selbstoffenbarungsebene: Was sage ich über mich selbst aus?
- Beziehungsebene: Was sage ich über unsere Beziehung aus? Wie stehen wir zueinander? Was halte ich von dir?
- Appellebene: Wozu will ich dich veranlassen? Was will ich, dass du tust?

4. Aufgabe

Bezogen auf das Fallbeispiel: Analysieren Sie den zitierten Satz und beantworten Sie die Fragen im Sinne des Vier-Ohren-Modells von Schulz v. Thun.

[Zeile 21] Mutter: „Ich muss mich nicht so behandeln lassen!“

a Was hat die Mutter mit den vier „Sender-Mündern“ vermutlich gesendet?
b Was hat die Erzieherin mit den vier „Empfänger-Ohren“ vermutlich gehört?

Lösungsvorschläge

a Sinngemäß sendet die Mutter (= Sender):
- Sachinhaltsebene: Ich muss mich nicht so behandeln lassen.
- Selbstoffenbarungsebene: Ich bin wütend, sauer, fühle mich nicht ernst genommen, ich will gehen.
- Beziehungsebene: Sie sind die Erzieherin, Sie müssen professionell sein und anders mit mir reden.
- Appellebene: Reden Sie bitte anders mit mir.

b Sinngemäß empfängt die Erzieherin (= Empfänger):
- Sachinhaltsebene: Sie möchte anders behandelt werden.
- Selbstoffenbarungsebene: Sie scheint wütend, sauer auf mich zu sein. Sie will das Gespräch abbrechen.
- Beziehungsebene: Sie denkt, dass ich als Erzieherin professionell mit ihr umgehen muss, also andere Worte wählen muss.
- Appellebene: Ich soll aufhören, so wie im Augenblick, mit ihr zu reden.

5. Aufgabe

Arbeiten Sie anhand des Fallbeispiels, unter Angabe der Zeile, fünf Kommunikationshemmer heraus.

Lösungsvorschläge

- Kommunikationshemmer Unterbrechung, ins Wort fallen: ins Wort fallen (Zeile 18), Mimik Erzieherin (Zeile 28), Handy in die Hand nehmen (Zeile 10)
- Kommunikationshemmer Du-Botschaften senden: Mutter duzt und sendet Angriffe (Zeilen 6, 19, 26)
- Kommunikationshemmer Ratschläge geben und eigene Erfahrungen in den Vordergrund stellen: Ratschlag und Erfahrungen der Erzieherin stehen im Vordergrund (Zeilen 16, 28, 30)
- Kommunikationshemmer Bewertung: bewertende Aussage der Erzieherin (Zeile 4), Erzieherin gibt Mutter einen bewertenden Ratschlag (Zeile 30)
- Kommunikationshemmer Körpersprache: verschränkte Arme der Mutter (Zeile 6), Tasche vor die Brust nehmen (Zeile 26)
- Kommunikationshemmer Unkonzentriertheit: SMS verschicken (Zeile 14), Handy nutzen (Zeile 10)

Weitere Störfaktoren können sein:
- ohne zu fragen eine dritte Person mit im Gespräch (Zeile 2)
- veränderte Stimmlage der Mutter (Zeile 18)
- Aufstehen (sich größer machen) seitens der Mutter (Zeile 21)
- Anfassen des Armes durch die Erzieherin (Zeile 23)
- Hand abschütteln durch die Mutter (Zeile 26)
- Drohung der Mutter (Zeile 32)
- Verlassen des Raumes seitens der Mutter (Zeile 32)

6. Aufgabe

Nennen Sie drei Regeln für ein Beschwerdegespräch.

Lösungsvorschläge

Die Regeln für ein Beschwerdegespräch lauten:

- Jede Beschwerde wird zeitnah und mit den richtigen Gesprächspartnern bearbeitet.
- Die Beschwerdeführer können ausreden, um ihren Ärger loszuwerden.
- Die wichtigsten Aussagen werden zusammengefasst. Es wird nachgefragt, um das Verständnis abzusichern.
- Es werden Rückmeldungen gegeben und erläutert, weshalb was passiert ist oder wie die Problematik geklärt werden kann.
- Das Bedauern wird ausgedrückt und Lösungswege werden aufgezeigt.

7. Aufgabe

Entwickeln Sie einen Gesprächsvorschlag in Form eines Dialoges (wie im Fallbeispiel zwischen der Kitaleitung und der Mutter), der sich an die fünf Regeln des Beschwerdegesprächs hält.

Lösungsvorschlag

Leiterin: „Frau Scherff, schön, dass wir das Gespräch so zeitnah führen können. Ich bin Frau Akyüz, die Kitaleitung. Können Sie mir bitte kurz schildern, was Sie so verstimmt hat?“

Mutter: „Ja, vielen Dank, dass Sie sich die Zeit genommen haben. Ich habe um diesen Terim gebeten, da mich die Erzieherin meines Sohnes gestern als schlechte und überforderte Mutter dargestellt hat. Und das vor dieser Sozialassistentin, die ohne mein Wissen einfach bei dem Gespräch anwesend war.“

L.: „Frau Scherff, wenn ich richtig verstehe, sind Sie verletzt, dass unsere Erzieherin Sie und Ihre schwierige berufliche Lage, in der Sie momentan stecken, nicht ernst genommen hat und dass unsere Sozialassistentin ohne Ihr Einverständnis bei dem Gespräch dabeisaß?“

M.: „Genau.“

L.: „Dafür, dass unsere Erzieherin nicht Ihr Einverständnis eingeholt hat, dass unsere Sozialassistentin bei dem Gespräch anwesend ist, entschuldige ich mich in aller Form. Dies habe ich schon mit der verantwortlichen Erzieherin besprochen. Dass es zu einem Missverständnis bzgl. Ihrer Rolle als Mutter kam, tut mir leid. Dies war nicht die Absicht des Gespräches. Im Gegenteil: Wir alle sehen, was Sie momentan leisten, und wollten Ihnen mitteilen, wie gut sich Julius bei uns eingelebt hat und dass wir den Eindruck haben, dass Sie trotz der vielen Belastungen, die Sie momentan haben, Julius gut unterstützen.“

M.: „Danke. Das kam gestern wirklich nicht bei mir an.“

L.: „Julius' Erzieherin würde gerne, wenn Sie einverstanden sind, mit Ihnen nochmal kurz sprechen und Ihnen ein Bild zeigen, das Julius gemalt hat.“

M.: „Danke, gern.“

Ergänzungen zu den Prüfungsaufgaben:

4 Kultursensible Pflege

Herr Suleyman ist 79 Jahre alt und lebt seit zwei Jahren in einer ambulanten Wohngemeinschaft in Sprungheim. Er lebt dort in einem Zimmer mit noch fünf weiteren Mitbewohnern. Herr Suleyman zog in die WG, nachdem seine Frau an einer Krebserkrankung verstorben ist. Alleine konnte er sich nicht mehr versorgen. Die gemeinsame Tochter konnte die Pflege und Betreuung nicht übernehmen, da sie in Kirchstatt lebt und durch ihre Arbeit nur wenig Zeit hat. Bislang hatte sich Herr Suleyman in der ambulanten Wohngemeinschaft sehr wohlgefühlt und sich nach eigenen Aussagen auch an das Leben in der WG gewöhnt. Geboren ist Herr Suleyman in Syrien. Durch den Krieg musste er jedoch vor fünf Jahren nach Deutschland flüchten. Herr Suleyman ist Muslim und lebt die Religion auch aktiv aus.
Am Anfang fiel Herrn Suleyman die Gewöhnung an das neue Land mit einer anderen Kultur, neuen Regeln, Geboten und Verboten schwer. Doch mittlerweile hat sich Her Suleyman an das Leben hier in Deutschland gewöhnt.
Bei einem Spaziergang mit anderen Senioren vor zwei Monaten verlor Herr Suleyman das Bewusstsein und stürzte schwer. Er wurde mit einem Rettungswagen in eine Klinik gebracht. Im Krankenhaus wurde bei Herrn Suleyman neben einem Schädel-Hirn-Trauma ein Schlaganfall diagnostiziert. Nach der abgeschlossenen Therapie und einem anschließenden Rehabilitationsaufenthalt wurde er wieder zurück in die WG verlegt.

Sie sind heute im Rahmen Ihrer Sozialassistentenausbildung in der WG als Praktikant/-in tätig und Herrn Suleyman zugeteilt. Aus der Akte und durch Ihre Beobachtungen erfahren Sie über Ihn Folgendes:

Aufgrund seines Schlaganfalls leidet Herr Suleyman unter einer primären Demenzerkrankung. Weiterhin ist er durch seine Halbseitenlähmung stark mobilitätseingeschränkt und benötigt Hilfe beim Aufstehen, Gehen und für den Toilettengang. Aufgrund der entstandenen Gesichtsfeldeinschränkung links kann er Hindernisse nicht mehr genau erkennen. Durch seine Halbseitenlähmung und durch die Bewegungseinschränkung kann er sich die Mahlzeiten nicht mehr selber zu bereiten. Auch die Aufnahme der Nahrung ist nur durch die Unterstützung einer Assistenzkraft möglich. Herr Suleyman ist früher in Syrien beruflich Medizintechniker gewesen. Er arbeitete in einem Krankenhaus. Er mochte den Beruf und arbeitete gerne mit anderen zusammen. Zu seinen Hobbys gehörten das Kartenspielen, Musizieren (Gitarre spielen, gemeinsames Singen im Chor), Waldspaziergänge und das Handwerk mit Holz. Seine dokumentierten Vitalparameter zeigten kontinuierlich einen erhöhten Blutdruck und eine erhöhte Herzfrequenz.
Herr Suleyman hat aufgrund seiner traumatischen Kriegserlebnisse Einschlaf- und Durchschlafprobleme. In seiner Akte sind bei ihm als Vorerkrankungen eine Hypertonie Grad 1 (ESH-Richtlinie), ein vorangegangener Herzinfarkt sowie eine vorangegangene Bein- und Beckenvenenthrombose im linken Bein vermerkt. Herr Suleyman nimmt verschiedene Medikamente zur Therapie ein.

Fachliche Schwerpunkte der Situation:

TIPPS für die Prüfung

Lesen Sie die Fragestellungen genau durch, bevor Sie antworten.
Schreiben Sie bitte deutlich und mit Abstand zwischen den Zeilen, lassen Sie außen einen Rand von ca. 4 cm und nummerieren Sie die Seiten.
Beantworten Sie Fragen in ganzen Sätzen, wenn Sie etwas erläutern, beschreiben oder begründen sollen. Wenn Sie etwas benennen sollen, können Sie auch in Stichpunkten antworten.
Beachten Sie die Regeln der Rechtschreibung. Es erfolgt ein Abzug bei Verstößen gegen die sprachliche Richtigkeit: Bei einem Fehlerquotienten von mehr als 4 Fehlern auf 100 Wörter sinkt die Note um eine Teilnote, bei mehr als 6 Fehlern auf 100 Wörter sinkt die Note um zwei Teilnoten.
Zählen Sie nach Anfertigung der Arbeit die Wörter und notieren Sie die Anzahl.

Mögliche Prüfungsaufgaben

1. Aufgabe

Die Pflegeeinrichtung, welche Herrn Suleyman betreut, orientiert sich am Konzept der kultursensiblen Pflege. Nennen Sie fünf Aspekte einer kultursensiblen Pflege.

Lösungsvorschlag

Kultursensible Pflege geht auf die individuellen, kulturellen Bedürfnisse eines zu pflegenden Menschen ein.
Kultursensible Pflege sieht den zu pflegenden Menschen nicht in erster Linie als Pflegebedürftigen, sondern als Individuum in seiner ganz eigenen Lebenswelt.
Kultursensible Pflege orientiert sich in der pflegerischen Beziehung an der aktuellen Situation und Bedürfnislage des Klienten.
Die Pflegekraft bringt sich selbst als Persönlichkeit in die Interaktion ein.
Die Pflegekraft reflektiert und respektiert ihre Grenzen und nimmt die des Gegenübers akzeptierend und wertschätzend wahr.

Quelle: www.kultursensiblepflege.de/interkulturelle_kompetenz.html [Abruf: 18.12.2017]

2. Aufgabe

Herr Suleyman ist gläubiger Muslim. Nennen Sie im Rahmen einer kultursensiblen Pflege (orientiert am AEDL-Modell) fünf Aspekte zum Komplex „Essen und Trinken", welche bei gläubigen Muslimen berücksichtigt werden sollten.

Lösungsvorschläge

- Für gläubige Muslime sind Schweinefleisch und Fleisch von verendeten Tieren verboten.
- Auch Produkte von diesen Tieren (Schmalz, Blutwurst, Leberwurst) sind verboten.
- Alkohol unterliegt dem Verbot für gläubige Muslime.
- Medikamente mit tierischen Produkten (z. B. Gelatinekapseln) können von gläubigen Muslimen verweigert werden. Sie sind darüber zu informieren, ggf. sollten alternative Darreichungsformen genutzt werden.
- Gelatineprodukte sind für gläubige Muslime zu vermeiden (z. B. Gummibärchen aus Gelatine vom Schwein). Alternativ sind Produkte auf Agar-Agar-Basis anzubieten.

3. Aufgabe

Herr Suleyman hat eine Hypertonie. Nennen Sie den systolischen und diastolischen Blutdruck bei einer Hypertonie vom Grad 1 nach ESH-Richtlinie.

Lösungsvorschlag

Grad nach ESH-Richtlinie	Systolisch	Diastolisch
1	140–159 mmHg	90–99 mmHg

4. Aufgabe

Herr Suleyman verlor seine Frau aufgrund einer Krebserkrankung und ist deswegen nach wie vor in Trauer. Als Frau Suleyman ihre Diagnose erhielt, konfrontierte sie ihn immer wieder mit verschiedenen Emotionen (wütend, ängstlich, abweisend). Erläutern Sie das Phasenmodell des Sterbeprozesses nach Kübler-Ross.

Lösungsvorschläge

Die Phasen nach Kübler-Ross sind dynamisch und nicht stringent. Phasen können übersprungen oder wiederholt werden.

Phase	Merkmal
Nicht wahrhaben wollen	Betroffene sind geschockt und wollen die Diagnose nicht wahrhaben. Ablehnung und Verneinung.
Auflehnung	Betroffene sind wütend und zornig. Sie machen ihrer Umwelt und sich selber Vorwürfe; Anschuldigungen.
Verhandeln	Betroffene haben Hoffnung und sind kooperativ. Es besteht der Glaube, durch Gegenleistungen und Therapietreue etwas ändern zu können.
Depression	Betroffene sind in Trauer und Angst. Sie sind zurückgezogen und teilweise kaum ansprechbar.
Akzeptanz	Betroffene haben die Diagnose akzeptiert. Sie sind erschöpft, wirken aber teilweise auch erleichtert und gelöst.

5. Aufgabe

Herr Suleyman leidet unter einer primären Demenz vom vaskulären Typ. Hintergrund ist sein vorangegangener Schlaganfall. Erläutern Sie Symptome eines Demenzsyndroms auf den Ebenen der kognitiven, affektiven und motorischen Fähigkeiten, mit jeweils einem Beispiel.

Lösungsvorschläge

- kognitive Ebene: Verlust geistiger Fähigkeiten, z. B. Zerstreutheit, Konzentrationsstörungen, Störungen des Kurzzeitgedächtnisses, Verlust des Tag-Nacht-Rhythmus, Sprachstörungen bis hin zum Verstummen
- affektive Ebene: Veränderung der Gefühlswelt, z. B. Enthemmung und Kontrollverlust der Gefühle, Ängstlichkeit, Reizbarkeit bis hin zur Aggressivität, Stimmungsschwankungen
- motorische Ebene: Verlust von körperlichen Fähigkeiten, z. B. Gangstörungen, Stuhl- und Urininkontinenz

6. Aufgabe

Herr Suleyman hatte, wie im Fallbeispiel beschrieben, einen Schlaganfall. Aufgrund seiner Multimorbidität verlangt das einen spezifischen Pflege- und Betreuungsplan. Erläutern Sie mögliche Pflege- und Behandlungsziele für Herrn Suleyman mit jeweils einem Beispiel.

Lösungsvorschläge

- richtige Lagerung (nach Bobath), z. B. Lagerung im Bett auf die nicht gelähmte Seite
- Gestaltung des Raumes (Betroffene können je nach Lokalisation die gegenüberliegende Seite nicht wahrnehmen), z. B. Gegenstände auf die gelähmte Seite zur Sensibilisierung stellen
- Hilfestellungen und Hilfe zur Selbsthilfe bei Aktivitäten des täglichen Lebens, z. B. spezielles Besteck zur Unterstützung der selbstständigen Nahrungsaufnahme
- interdisziplinäres Arbeiten, z. B. Einbeziehen von Ergotherapie, Physiotherapie, Logopädie in das Pflegekonzept

7. Aufgabe

Erstellen Sie unter Berücksichtigung der Biografie und des pflegerischen Allgemeinzustandes von Herrn Suleyman ein Beschäftigungsangebot. Begründen Sie unter der Hinzunahme von W-Fragen die Auswahl des Angebotes.

Lösungsvorschläge

Was?	Angebotsvorstellung, z. B. Holzarbeit oder Musizieren
Mit wem?	Herr Suleyman oder die ganze Wohngruppe
Wozu?	Förderung motorischer, affektiver oder kognitiver Fähigkeiten
Wer?	Gruppe oder ausschließlich Herr Suleyman
Welche Sozialform?	Einzelarbeit, Partnerarbeit, Gruppenarbeit
Wann?	Datum, Uhrzeit, Zeitintervall
Wo?	Ort: WG oder externe Veranstaltung
Wie?	Durchführung: Planungsablauf in drei Phasen (Einführung, Hauptteil, Abschluss und Angebotssicherung)

Exemplarisch: Holzarbeiten mit Herrn Suleyman

- Was: Herstellung eines Holzsegelbootes „Suleyman" (Berücksichtigung der Bewegungseinschränkung und Demenz)
- Mit wem: Herr Suleyman
- Wozu: Förderung der motorischen Fähigkeiten (durch Handwerk) und affektiven Fähigkeiten (durch Erinnerungs- und Biografiearbeit)
- Wer: Herr Suleyman (unterstützt durch eine Assistenzkraft)
- Welche Sozialform: Einzelarbeit mit Assistenz
- Wann: 06.12.2017 von 10.00 bis 13.30 Uhr (Datum, Uhrzeit, Zeitintervall)
- Wo: in der ambulanten WG
- Wie: Durchführung (Planungsablauf in drei Phasen)
  - **Einführung:** Herrn Suleyman wird das Angebot erklärt und es werden alle Bestandteile des Bootes bereitgelegt. Es wird darauf geachtet, dass die Materialauswahl für Herr Suleyman angepasst wird und nicht überfordernd wirkt. Weiterhin erfolgt die Werkzeugauswahl. Aufgrund seines Handicaps müssen die Werkzeuge entsprechend angepasst werden. Hier bedarf es der Unterstützung durch die Assistenzkraft.
  - **Hauptteil:** Anfertigung des Segelbootes; dabei ist auf das Wohlbefinden von Herrn Suleyman zu achten. Die Handlung darf nicht überfordernd bzw. unterfordernd sein. Die Assistenz muss unterstützen.
  - **Abschluss:** Das Segelboot wird mit dem Schriftzug „Suleyman" bemalt und in seinem Zimmer platziert (sichtbares Erfolgserlebnis, Erinnerung).
- Anmerkungen: Das Segelboot selber ist zweitrangig, vielmehr geht es um die Förderung der Kompetenzen und um die Biografiearbeit.

Ergänzungen zu den Prüfungsaufgaben:

10-Minuten-Aktivierung **40**

A

Adipositas **67**
aggressives Verhalten **80**
Angebot, Beschäftigung **115**
Angebot, Bildung **115**
Angebotsplanung **39, 117**
Angebotsplanung, Probleme **41, 164**
Angebotsplanung, strukturierte **38**
ängstliches Verhalten **80, 127**
Anlage-Umwelt-Debatte **161**
Antonovsky, Aaron **52**
Arbeit, offene und teiloffene **29**
Arbeit, soziale **10**
Arbeitsvertrag **10**
Arterie **62**
Arteriosklerose **64**
Aspirationsprophylaxe **76**
Assistenznehmer, Begleitung **36**
Atemnot **76**
Atemweg **74**
Atmung **74, 127**
Atmung, Beobachtung **75, 127**
Atmungssystem, Erkrankung **75, 127**
Aufsichtspflicht **11**
äußere Atmung **74**
autoritärer Erziehungsstil **30, 103, 161**

B

Backen **47**
bakterielle Infektionskrankheit **54**
Ballaststoffe **66**
Bedürfnispyramide, Maslow **28**
behinderter Mensch **41, 115**
belebende Körperwaschung **82**
Belehrungspflicht **11**
Beobachtung **33, 162**
Beobachtung, Atmung **75, 127**
Beobachtungsfehler **34, 164**
Beobachtungsmethode **34, 163**
Beobachtungsthema **163**
beruhigende Körperwaschung **83**
Beschäftigung **37, 38, 40, 115**
Bewegungsapparat, Erkrankung **57, 119**
Bewegungssystem **119**
Bewegungsübung **58**
Bewusstlosigkeit **65**
Beziehung, soziale **27**
Bildung **37, 115**
Bildungsbereich **42**
Bildungsziel **42**
Bindung **27, 142**
Bindungstyp **27**
Biografiearbeit **39, 173**
Blut, Bestandteile **63**
Blut, Funktion **63**
Blutdruckmessung **65**
BMI **66**
Body-Mass-Index **66**
Bruttolohn **44**
Bulimie **74**
Bundesteilhabegesetz **35**

C

Chunking **151**

D

Dämpfen **47**
Datenschutz **11**
Dekubitus **85**
Dekubitusprophylaxe **58, 86**
Demenz **24, 79, 170, 172**
demokratischer Erziehungsstil **30, 103, 161**
Deprivation **79**
Desinfektion, Hände **55**
Diastole **62, 172**
didaktisches Prinzip **39**
Dokumentation **146**
Dünsten **47**

E

Egozentrismus **26**
Eltern, Aufgaben **28**
Empathie **22**
Enkulturation **29**
Entwicklung, Kind **158**
Entwicklung, Mensch **25**
Entwicklungsaufgaben **28**
Entwicklungsmodell, Piaget **26**
Entzündungszeichen **82**
Erbrechen **72, 73**
Erkrankung, Atmungssystem **75, 127**
Erkrankung, Bewegungsapparat **57, 119**
Erkrankung, Hormonsystem **78**
Erkrankung, Stoffwechsel **70**
Ernährung **36, 69**
Ernährung, Ballaststoffe **66**
Ernährung, Bestandteile **66**
Ernährung, Kostform **70**
Erste Hilfe **87, 88, 89, 131**
Erziehung **158**
Erziehungsansatz, pädagogischer **29**
Erziehungsstil **30, 103**
Erziehungsziel **29, 161**
Eselsbrücke **151**
ethische Fallbesprechung **19**
ethischer Konflikt **19**
Exklusion **18**
explizites Gedächtnis **12, 140**

F

Fachkompetenz **9**
Fallbesprechung, ethische **19**
Familienmodell **28**
Feedback **22**
Fieber **56**
formal-operationale Stufe **26, 160**
Freizeitangebot **37**
Frittieren **47**
frühkindlicher Reflex **25**

G

Gedächtnis **12**
Gedächtnis, explizites **12, 140**
Gedächtnis, implizites **12, 140**
Gedächtnistechnik **151**
Gehirn **12, 77**
Gendersensibilität **18, 96**
gesetzliche Sozialversicherung **44**
gesprächsförderndes Verhalten **21, 168**
gesprächshemmendes Verhalten **21, 168**
Gestaltungsangebot **41, 43**
Gesundheit **52**
Gewaltfreie Kommunikation **22**
Grundhaltung, professionelle **17**
Grundreinigung **48**
Gruppenlernen **15, 155**

H

Haarpflege **84**
Händedesinfektion **55**
Händehygiene **49, 55**
Harnorgane **69**
Haushalt, Umweltschutz **51**
Haushaltsreinigung **36, 48, 49**
Haut **81**
Haut, Entzündungszeichen **82**
Haut, Säugling **85**
Hepatitis **55**
Herz **62**
Herzinfarkt **64**
HIV **54**
Hormon **78**
Hormondrüse **78**
Hormonsystem, Erkrankung **78**
Hospiz **90**
Humankompetenz **9**
Hygiene, Hände **49, 55**
Hygiene, Lebensmittel **47, 49**

I

Immunsystem **56**
implizites Gedächtnis **12, 140**
Infektionskrankheit **54**
Informationen dokumentieren **146**
Informationen strukturieren **144**
Informationen verarbeiten **146**
Informationspflicht **11**
Inklusion **18, 96**
innere Atmung **74**
Integration **18**
interkulturelle Kompetenz **9, 111, 170**
Intertrigoprophylaxe **86**

K

KAI-Methode **85**
klassische Konditionierung **31**
Kochen **47**
Kohärenzgefühl **52**
Kommunikation mit Kindern **24, 100, 107**
Kommunikation mit Menschen mit Demenz **24**
Kommunikation **20, 70, 100, 121, 166**
Kommunikation, Gewaltfreie **22**
Kommunikation, nonverbale **20, 167**
Kommunikation, personenzentrierte **79**
Kommunikation, verbale **20, 167**
Kommunikationsmodell **21, 167**
Kompetenz **9, 37**
Kompetenz, interkulturelle **9, 111, 170**
Konditionierung, klassische **31**
Konflikt, ethischer **19**
Konfliktlösung **23**
konkret-operationale Stufe **26, 160**
Kontraktur **61**
Kontrakturprophylaxe **61**
Konzentration **14, 143**
kooperatives Lernen **155**
Körperpflege **36, 123**
Körperwaschung **83, 84**
Krampfanfall **89**
Krankheit **52**
Krankheit, Übertragungsweg **53, 54**
Krankheitserreger **53**
Kübler-Ross, Elisabeth **172**
kultursensible Pflege **170**

L

Lagerung **58**
Lähmung **61**
Laissez-faire-Erziehungsstil **30, 103**
Leasing **45**
Lebensmittel, Hygiene **47**
Lebensmittel, Kennzeichnung **46**
Lebensmittel, Lagerung **46**
Lernen in der Gruppe **15**
Lernen **12, 140**
Lernen, kooperatives **155**
Lernen, soziales **15**
Lernform **15**

Lernkanal **14, 148**
Lernkartei **151**
Lernmethode **15, 152**
Lernplanung **152**
Lerntechnik **15, 148**
Lerntheorie **31, 32, 107**
Lerntyp **14, 148**
Lernziel **142, 152**
Linkshirndominanz **141**
Literaturrecherche **144**
Loci-Technik **151**
lymphatisches Organ **63**

M
männliche Harnorgane **69**
Maslow, Abraham **28**
Mehr-Milieu-Prinzip **36**
Mensch, Behinderung **41, 115**
Mensch, schwerkranker **90**
Mensch, sterbender **90**
Mensch, trauernder **90, 135**
Messung, Blutdruck **65**
Messung, Puls **64**
Mindmapping **15, 151**
Mobilisation **119**
Mobilität **36**
Motivation **12, 142**
Mundpflege **84**

N
Nagelpflege **85**
Nahrungsdarreichung **70, 71**
Nervensystem **77**
Nettolohn **44**
Normen **19**
Notfall **89, 127, 131**

O
Objektpermanenz **26, 160**
Obstipationsprophylaxe **73**
offene und teiloffene Arbeit **29**
Ohrenpflege **84**

P
Palliativversorgung **90**
Parotitisprophylaxe **73**
Pawlow, Iwan **31**
Personalisation **29**
personenzentrierte Kommunikation **79**
Personenzentrierung **35**
Pflege, kultursensible **170**
Pflegesymbol **50**
Pflegeversicherung **35**
Piaget, Jean **26, 160**
Pneumonieprophylaxe **76**
präoperationale Stufe **26, 160**
Präsentation **16**
Prinzip, didaktisches **39**
professionelle Grundhaltung **17**
Prüfungsvorbereitung **154**
Pulsmessung **64**

Q
Querschnitt **78**

R
Rasur **84**
Ratenkredit **45**
Rauchen **75**
Recherche **144**
Rechtshirndominanz **141**
Reflex, frühkindlicher **25**
Reggio-Pädagogik **29**
Reinigung, Haushalt **36, 48, 49**
Reinigungsverfahren **49, 50**
Reiz **32**
Ressourcenorientierung **18, 96**
Rettungskette **88**
Rolle, soziale **8, 95**
Rollenkonflikt **9, 92**
rückengerechtes Arbeiten **59, 123**
Rückenmark **78**

S
Salutogenese-Modell **52**
Schlafförderung **59**
Schlafstörung **59**
Schlaganfall **170, 172**
Schmerz **87**
Schmerzqualität **87**
Schweigepflicht **11**
schwerkranker Mensch **90**
Selbstbestimmung **18**
Sender-Empfänger-Modell **20, 167**
sensumotorische Stufe **26, 160**
Sichtreinigung **48**
Signallernen **31**
Sinnesorgan **32**
Soorprophylaxe **73**
soziale Arbeit **10**
soziale Beziehung **27**
soziale Rolle **8, 95**
soziales Lernen **15**
Sozialisation **29**
Sozialkompetenz **9**
Spielform **42**
Sprachentwicklung **26**
Sprachstörung **27**
Steckbecken, Unterstützung **72**
Sterbemodell nach Kübler-Ross **172**
Sterben **135**
sterbender Mensch **90**
Stoffwechsel **67**
Stoffwechsel, Erkrankung **70**
Stressoren **52**
strukturierte Angebotsplanung **38**
Stufenmodell, Piaget **26, 160**
Stuhlgang, Färbung **71**
Sturzprophylaxe **59**
Systole **62, 172**

T
Textilpflege **50**
Thromboseprophylaxe **65**
Tod **89, 135**
Transfer **59**
Trauer **135**

U
Übertragung, HIV **54**
Übertragungsweg, Krankheit **53, 54**
Umgang mit Beschwerden **23, 168**
Umweltfaktoren **25**
Umweltschutz, Haushalt **51**
Unterhaltsreinigung **48**
Unterstützungsbedarf **35, 36**
Urin, Färbung **72**

V
Vene **62**
Verdauung **67**
Verdauungssystem **68**
Verhalten, aggressives **80**
Verhalten, ängstliches **80, 127**
Verhalten, gesprächsförderndes **21, 168**
Verhalten, gesprächshemmendes **21, 168**
Versorgung, palliative **90**
Vertrag **45**
virale Infektionskrankheit **54**
Vorurteil **18**

W
Wahrnehmung **32, 33, 141, 162**
Wahrnehmungsprozess **33**
Waldkindergarten **29**
Waldorf-Pädagogik **29**
Waschmittel **50**
Watzlawick, Paul **20**
weibliche Harnorgane **69**
Werte **19**
Wertschätzung **22**
Wirbelsäule **57**
Wohnform **46**

Z
Zahnpflege **84, 85**
Zimmerpflanzen **51**

S. 14: Welz, N., Berlin
S. 15: Welz, N., Berlin
S. 18: vitaledesign, Berlin
S. 20: Welz, N., Berlin
S. 23: Welz, N., Berlin
S. 33: Welz, N., Berlin
S. 40: Welz, N., Berlin
S. 47: Welz, N., Berlin
S. 50: Shutterstock/Yurkoman
S. 53: Shutterstock/Leremy
S. 64: Mair, J., München
S. 68: Mair, J., München
S. 69: Mair, J., München
S. 72: Kramer, A., Stuttgart
S. 77: Mair, J., München
S. 92: Krüper, W., Bielefeld
S. 93: Welz, N., Berlin
S. 96: Fotolia/Woodapple
S. 97: Welz, N., Berlin
S. 100: Shutterstock/Oksana Kuzmina
S. 104: Welz, N., Berlin
S. 106: Welz, N., Berlin
S. 107: Shutterstock/Claudia Paulussen
S. 108: Welz, N., Berlin
S. 110: Welz, N., Berlin
S. 111: Shutterstock/Marcin Balcerzak
S. 112: Welz, N., Berlin
S. 114: Welz, N., Berlin
S. 115: Shutterstock/wavebreakmedia
S. 116: Welz, N., Berlin
S. 118: Welz, N., Berlin
S. 119: Fotolia/bilderstoeckchen
S. 120: Welz, N., Berlin
S. 122: Welz, N., Berlin
S. 123: Fotolia/drubig-photo
S. 124: Welz, N., Berlin
S. 126: Welz, N., Berlin
S. 127: Fotolia/vbaleha
S. 128: Welz, N., Berlin
S. 129: Welz, N., Berlin
S. 130: Welz, N., Berlin
S. 131: Shutterstock/Siderath
S. 132: Welz, N., Berlin
S. 134: Welz, N., Berlin
S. 135: Shutterstock/Sarah2
S. 136: Welz, N., Berlin
S. 141: vitaledesign, Berlin
S. 142: vitaledesign, Berlin